导游业务

王丽飞 著

黑龍江大學出版社
HEILONGJIANG UNIVERSITY PRESS
哈尔滨

图书在版编目（CIP）数据

导游业务 / 王丽飞著. -- 哈尔滨 : 黑龙江大学出版社, 2020.8
ISBN 978-7-5686-0504-5

Ⅰ. ①导… Ⅱ. ①王… Ⅲ. ①导游－高等学校－教材
Ⅳ. ①F590.633

中国版本图书馆 CIP 数据核字（2020）第 168111 号

导游业务
DAOYOU YEWU
王丽飞 著

责任编辑 陈连生 姜雪南 陈 莹
出版发行 黑龙江大学出版社
地 址 哈尔滨市南岗区学府三道街 36 号
印 刷 哈尔滨市石桥印务有限公司
开 本 720 毫米 ×1000 毫米 1/16
印 张 13.75
字 数 183 千
版 次 2020 年 8 月第 1 版
印 次 2020 年 8 月第 1 次印刷
书 号 ISBN 978-7-5686-0504-5
定 价 42.00 元

本书如有印装错误请与本社联系更换。

前　　言

导游业务是全国导游资格考试的科目之一。本书根据旅游行业的实际需要,围绕旅游管理专业的特点,把导游基础知识和导游实务技巧紧密结合,除了有导游业务的基本知识点外,更多地融入了导游实践环节的设计。通过项目化的训练,培养学生的职业素养和带团能力。本书既可以作为大专院校旅游管理专业的教材,又可以作为全国导游资格考试的参考书。

本书一共有四个模块,包括职业素质模块、导游实训模块(景区景点导游服务、地陪服务、全陪服务、领队服务)、带团技能训练模块和应变能力训练模块。每一个模块都设计了相应的项目,学习者按照项目的说明进行训练,掌握景区景点导游、地陪、全陪和领队的带团技巧,独立完成接团、带团、送团三大导游服务工作程序。项目中设置小思考等栏目,能够帮助学习者巩固所学的知识和技能,同时又能拓宽知识面。

本书结合笔者多年的教学和实践经验,具有内容新、案例丰富、实践性强等特点,充分考虑了学生的特点与培养目标的要求,理论叙述力求简洁明了,注重培养学生的实践操作能力。

本书在编写过程中,得到很多旅行社工作人员的帮助和指导。在此,特别感谢哈铁国旅集团牡丹江分社的韩铁英和李蕊,两位挚友对本书的写作提出了很多的宝贵意见。为编写本书,笔者查阅了大量资料,参考、采纳了很多书籍和论文的研究成果,篇幅所限不一一列出,在此谨向有关作者表示感谢!

受笔者的水平和能力所限，书中难免有疏漏之处，恳请专家和读者批评指正。

王丽飞

2020 年 6 月

目　　录

模块一 职业素质

项目一 导游服务认知

学习目标

知识目标:

1. 掌握导游服务的概念、服务范围及特点。
2. 掌握导游服务的原则。
3. 了解导游服务的发展趋势。
4. 掌握我国导游人员的概念和分类。

能力目标:

1. 能够正确地认识导游工作的性质,对导游工作有基本的认知。
2. 能够根据导游服务的特点,为游客提供有针对性的导游服务。

素质目标:

1. 培养良好的职业道德。
2. 培养吃苦耐劳的精神。

重点难点

重点:导游服务的基本原则、导游服务的范围。

难点:导游服务的特点。

引导案例

模范导游27年真诚待客

在广东惠州,有一位为了旅客的安全而奋不顾身的优秀导游,他就是惠州某旅行社的高级导游——林大康。

勤学苦练

熟悉林大康的人都知道,他始终随身携带工作日记,每天记录工作中的一点一滴,记录游客提出的意见和建议,虚心地向每一位游客学习,把工作当成学习的课堂。为了做好导游工作,他自学掌握了29种方言,还有3种少数民族语言。山东快板、安徽徽剧、浙江越剧、广东粤剧、潮汕潮剧等多种地方戏曲和方言,林大康都能信手拈来。

敬业奉献

1998年,林大康带着31名游客前往某地旅游,途中大巴车刹车失灵,导致车辆后滑。危急时刻,林大康奋不顾身,向前死死地拉住车门,减缓车辆后滑的速度,为乘客逃生争取了时间,自己却跌进了4米深的水沟里,导致他腰部受伤,被医院鉴定为6级伤残。至今,林大康都不能保持坐姿,每到阴雨天气,腰部的伤痛就会折磨他,有时他还会因为腰部发麻而无法入睡。受伤后的林大康仍然坚守在导游岗位上,以更加饱满的热情投身到自己钟爱的导游事业中。

(本案例节选于中国好人网,2018年4月28日)

学习导游业务,首先要了解什么是导游服务,即导游服务的范围、原则和特点等内容。通过本项目的引导案例,你是否对导游服务有了新的认识?你对高级导游林大康的事迹有何看法?谈一下你对导游服务的理解。

子项目一 导游服务概述

项目任务 A

布置任务：

1. 各组选出一名学员谈谈对导游服务的理解。

2. 小组自评，各组互评。

3. 计调经理点评。

（建立项目教学情境：教师——旅行社计调经理，学员——导游。）

一、导游服务的概念

导游服务是指取得导游证的导游人员代表委派他的旅行社，以提高游历质量为宗旨，按照组团合同或约定的内容和标准为旅游者提供的向导、讲解及相关的旅游接待服务。

导游服务的概念包含以下四层意思：

第一，导游服务的主体是导游人员。图文声像制品，如景区讲解光碟、景区讲解 APP、宣传画册、导游图和旅游指南等，只能作为导游服务的辅助手段，不能作为导游服务的主体。导游服务的主体是导游人员，人的主观能动性、情感交流、眼神交流和肢体语言等是其他辅助手段都不具备的。

第二，导游服务是旅行社委派导游人员提供的一项旅游接待服务。如果导游人员未受正规旅行社的委派，即使取得了导游证，也不能私自接待旅游者。

第三，导游服务的宗旨是提高旅游者的游历质量，这也是导游职业存在的根本意义，否则旅游者完全可以要求不配备导游。导游服务既有功能服务又有心理服务，除了为旅游者提供讲解、餐饮、住宿等功能性的便利服务之外，还要根据不同团型提供有针对性的心理服务。

第四，导游人员必须按照组团合同或约定的内容和标准为旅游者提供服务。导游人员不能擅自增加或减少旅游项目，要努力维护旅游者的合法权益，不得降低导游服务的质量。

小思考 1－1

现在很多国内外景点，特别是博物馆，都可以提前在网上购买或者在景点租用电子讲解器，景点支持提前下载、离线播放，在游玩时即使没有网络也可以照样使用。讲解器内置 GPS 定位功能，可以根据游客所处的不同位置，自动定位对应的讲解内容。你认为如此方便、快捷的“电子导游”能够代替导游吗？

二、导游服务的范围

导游服务的范围是指导游人员向旅游者提供服务的领域。导游人员向旅游者提供的服务是多方面的，服务内容纷繁复杂、涉及面广，贯穿于整个旅游活动。导游服务大体可以分为讲解服务、市内交通服务、旅行生活服务三个方面，具体服务内容如下：

1. 讲解服务。讲解服务是导游的基本服务，主要包括车内和景点的导游讲解，以及参观访问、座谈、会见、交流、咨询和现场翻译。

2. 市内交通服务。导游人员除了导游的身份外，有时还兼任旅游车司机，为旅游者在市内和市郊旅行游览时提供交通服务、讲解服务，业内称“司兼导”。“司兼导”在国外较常见，目前在我国尚处于起步阶段。

3. 旅行生活服务。旅行生活服务包括旅行生活的方方面面，无论是导游人员工作程序上的要求，还是旅游者的要求，只要带团期间旅游者遇到生活上的困难，导游人员都应该为旅游者排忧解难。比如国内的迎送、出入境的迎送、旅途生活照料、安全服务、导游咨询服务等。

讲解服务和旅行生活服务是导游服务的重要组成部分。高质量的讲解服务，能够加深旅游者对旅游目的地的自然景观、人文景观的认识，使其增长知识，从而获得精神上的满足。高质量的旅行生活服务，能够提升旅游者对导游服务的满意度。

小思考1－2

导游服务的范围包括“旅游者遗失财产的找回”这一项吗？

三、导游服务的特点

导游服务是一种高智能、高技能的服务工作，贯穿于旅游活动的始终，具有与其他服务行业不同的特点，而且随着社会的进步和旅游业信息化的发展，导游服务的特点也会发生变化。

（一）独立性强

导游这一职业不像其他的职业那样分工明确，导游人员在工作中需要根据旅游接待计划安排旅游活动、独立讲解，其他人无法替代。

（二）脑力与体力高度结合

导游人员的每一次带团服务既是体力的消耗，也是对脑力的考验。导游人员在工作中要面对不同职业、不同文化水平的旅游者，需要掌握大量的知识，即所谓“上知天文，下知地理”，政治、经济、历史、地理、宗教、民俗等方面的知识都要有所涉猎。总之，导游人员需要有健康的体魄和灵活的头脑。

（三）复杂多变

1.服务对象复杂

旅游者可能来自全国各地，甚至世界各地，他们可能在年龄、性别、民族、职业、受教育程度等方面存在差异，呈现出多元化的特点。不同的旅游者对相同的事情可能会有不同的反应，所以需要导游人员根据旅游者的类型来调整自己的服务方式，提供个性化的服务。

2.人际关系复杂

导游人员除了每天要和旅游者接触以外，还要和酒店、景区、餐馆、商店、娱乐场所、交通等单位的工作人员接触，在工作上要处理好与他们的关系，还要处理好和司机、全陪、领队的关系。导游人员既要维护旅游者的合法权益，也要维护旅行社的声誉，处理好各方的关系，避免出现矛盾。

3. 旅游者需求多种多样

除了正常按照旅游计划落实各项工作以外，导游人员还要满足旅游者提出的各种需求，如旅游者需要转递物品、会见亲友等，导游人员需要审时度势，根据情况酌情处理。

4. 要面对各种物质诱惑和"精神污染"

很多人羡慕导游的工作，因为导游可以去很多的地方，增长见识、开阔眼界，但在导游工作的同时，也经常会遇到各种诱惑，受到"精神污染"的影响。导游人员要有坚定的政治立场，时刻保持清醒的头脑，自觉抵御各种物质诱惑和"精神污染"。

（四）关联度高

旅游服务涉及食、住、行、游、购、娱等多个项目，各项目间环环相扣、联系紧密，哪一个环节出现问题都会对旅游活动产生影响，所以导游人员要有全局观念，处理好各个环节的衔接工作，保证服务质量。例如，送机之前的活动尽量不要安排在热闹的购物场所，旅游者可能会因为购物而忘记了集合时间，造成误机，而误机又会影响接下来的行程计划，住宿、餐饮、旅游项目等都可能变更，这一系列的影响不仅仅是经济损失，还会让旅游者产生不安、不满的情绪，会影响旅游者的旅游体验。

四、导游服务的基本原则

（一）宾客至上、热情服务的原则

导游人员在提供服务时，要时刻考虑旅游者的利益和要求，尽量满足旅游者提出的合理要求。旅游者外出旅游都希望享受到优质的导游服务，所以导游人员要将旅游者放在心上，时刻关心旅游者，耐心地提供服务，要将宾客至上、热情服务的理念同规范化、个性化的导游服务结合起来。

（二）为大家服务的原则

导游人员服务的对象是全体旅游者，旅游者支付了相同的费用就应该享受相同的服务。但在工作期间，有些导游人员可能会遇到亲朋好友，遇到和自己年龄相仿、志趣相投的人，如果偏爱这部分人，与他们交流的时间过长，就会占用其他旅游者的时间，这样做对其他旅游者是不公平的。为大家服务的原则就是要求导游人员对每一位旅游者都一视同仁、不偏不倚，始终以热情的服务态度为旅游者提供相同的服务。

（三）维护旅游者合法权益的原则

我国的有关法律法规赋予了旅游者相应的合法权益，主要包括旅游自由权、旅游服务自主选择权、旅游服务内容知悉权、依约享受旅游服务权、旅游公平交易权、人身和财物安全权等。导游人员在提供服务的过程中，一定要切实维护旅游者的权益。在旅游中发生状况时，导游人员应积极采取一切必要的措施，保证游客的生命财产安全。

（四）合理而可能的原则

旅游者在旅游活动中可能会有求全心理，把旅游活动理想化，经常提出一些要求和建议。对旅游者提出的合理要求，导游人员应尽力满足旅游者，但有时旅游者提出的要求较难实现，导游人员必须认真倾听、冷静分析，判断要求是否合理、能否实现。对旅游者要求中合理的部分，导游人员要予以肯定，想办法解决；对旅游者要求中不合理且无法实现的部分，导游人员要耐心解释原因，做好沟通工作。

子项目二　导游服务的发展趋势

项目任务 B

布置任务：

1. 各组选出一名学员谈一谈导游服务的发展趋势。

2. 小组自评,各组互评。

3. 计调经理点评。

一、导游服务内容的高知识化

人们的文化修养在不断提高,文化旅游、观光旅游、科考旅游也在不断地发展,这些都对导游人员提出了更高的知识要求。导游服务本身是一种知识密集型服务,导游人员不仅要成为"杂家",更要成为某一领域或某些方面的"专家",必须提高自身的文化修养,不断更新知识,适应时代的发展。

二、导游服务手段的高科技化

随着科学技术的发展,新媒体、自媒体的出现,未来会有越来越多的科技手段运用到导游服务工作中来,这些先进的技术能引导游客参观游览,起到辅助导游讲解的作用。

三、导游服务方法的多样化

随着旅游活动呈现出多样化的趋势,特别是参与性旅游活动的兴起和发展,导游人员要掌握各种旅游活动的服务方法,不仅要能言善道、能唱会跳、多才多艺,还要有较强的动手能力、强壮的体魄、勇敢的精神,这样才能更好地胜任未来的导游工作,才能顺应时代的潮流。

四、导游服务方式更加人性化

在未来的旅游活动中,导游服务方式将更加人性化。导游人员要为游客提供常规的讲解服务,还要为游客提供更多的个性化服务。个性化服务打破了传统的被动服务模式,导游人员将服务做在游客开口之前。这种人性化的服务体现了旅行社以人为本的经营理念,是提高旅行社核心竞争力的关键所在。

五、导游职业自由化

导游职业自由化是互联网时代背景下,导游行业发展的必然趋势。随着游客出游方式的转变,以及旅行社经营管理方式的转变,传统的导游工作方式面临着严峻的考验。如今,自由行成为时尚的旅游方式,游客通过网络平台可以获得越来越多的信息,他们可以通过导游服务中心或旅游网站来进行私人行程定制和选择导游,如果导游讲解的质量不高、服务水平差,其评价自然较差,这种导游的带团机会会减少,收入也会减少。导游职业自由化既满足了人们日益增长的旅游个性化需求,同时也对导游人员的业务能力提出了更高的要求。

子项目三 导游服务的主体——导游人员

项目任务 C

布置任务:

1. 各组选出一名学员谈谈导游人员可以按照哪些标准进行分类。
2. 小组自评,各组互评。
3. 计调经理点评。

一、导游人员的概念

导游人员,是指依据《导游人员管理条例》的规定取得导游证,接受旅行社委派(但另有规定的除外),为旅游者提供向导、讲解及相关旅游服务的人员。

导游人员的概念包含以下三层含义:

1. 特定的程序。在中国担任导游人员,是依据《导游人员管理条例》的规定,通过全国导游资格考试并取得导游证的人员。由中华人民共和国文化和旅游部办公厅组织实施全国导游资格考试,考试合格者,文化和旅游部会委托省级文化和旅游行政部门颁发导游资格证书。

2. 特定的委托。导游人员是接受旅行社委派而从事导游业务的人员,导游人员不能私自承接导游业务。日常生活中的单位出游,单位的员工免费为同事做向导、讲解的人,不属于《导游人员管理条例》规定的真正意义上的导游人员。

3. 特定的工作。导游人员是为旅游者提供向导、讲解及相关旅游服务的人。向导，指为旅游者引路、带路；讲解，指为旅游者解说、指点风景名胜；相关旅游服务，指为旅游者代办各种旅游证件、代购机票，安排旅游食宿、购物、娱乐等与旅游活动有关的各项服务。

小思考 1－3

你认为“导游要保证旅游者的心理健康，是旅游者的服务员，旅游活动中要一切听从旅游者的指挥”的说法对吗？请说出理由。

二、导游人员的分类

导游人员可以按照语种、工作性质、工作区域、技术等级等标准进行分类。

（一）按语种分类

以导游人员服务时使用的语言为标准，导游人员可分为中文导游人员和外语导游人员。

1. 中文导游人员。服务对象为国内旅游者（包括香港、澳门、台湾同胞），海外华侨及外籍华人。

2. 外文导游人员。服务对象主要是外国旅游者。外文导游人员的语种主要包括英语、日语、俄语、法语、德语、西班牙语等。

（二）按工作性质分类

导游人员按工作性质分为专职导游人员和兼职导游人员。

1. 专职导游人员。这类导游人员与旅行社签订劳动合同，是旅行社的正式员工。

2. 兼职导游人员。这类导游人员不以导游工作为主要职业，利用业余时间从事导游工作。

（三）按工作区域分类

按工作区域可以将导游人员分为地方陪同导游人员、全程陪同导游人员、景区景点导游人员和海外领队。

1. 地方陪同导游人员(简称地陪)。地陪指受接待旅行社委派,代表接待旅行社实施接待计划,为旅游团(旅游者)安排当地旅游活动,提供讲解、翻译等服务的工作人员。

2. 全程陪同导游人员(简称全陪)。全陪是指受组团旅行社委派,作为组团旅行社的代表,在领队和地方陪同导游人员的配合下实施接待计划,为旅游团(旅游者)提供全程陪同服务的工作人员。

3. 景区景点导游人员。景区景点导游人员指在景区景点范围内进行讲解的工作人员。

4. 海外领队。海外领队指受国家旅游行政主管部门批准可以经营出境旅游业务的旅行社的委派,全权代表该旅行社在境外带领旅游团的工作人员。

(四)按技术等级分类

按技术等级可以将导游人员分为初级导游人员、中级导游人员、高级导游人员和特级导游人员。

1. 初级导游人员。取得导游人员资格证书1年后,通过技能、业绩和资历的考核,合格者自动成为初级导游人员。

2. 中级导游人员。获初级导游人员资格2年以上,业绩明显,考试合格者晋升为中级导游人员。

3. 高级导游人员。取得中级导游人员资格4年以上,业绩突出,有高水平的科研成果,并在国内外同行和旅行商中有一定的影响,考试合格者晋升为高级导游人员。

4. 特级导游人员。特级导游人员是指取得高级导游人员资格5年以上,业绩优异,有突出贡献,有高水平的科研成果,在国内外同行和旅行商中有较大影响,经评审考核合格者晋升为特级导游人员。

思考题

1. 什么是导游服务？
2. 导游服务的基本原则是什么？
3. 导游服务的发展趋势有哪些？

课后实训

学者型导游房博

房博是故宫的深度讲解导游，为了讲好故宫的故事，他每天坚持看书一小时，明清时期的史料、中国明清史学者的作品都在他的涉猎范围之内。

为了当好一名学者型导游，房博购买了大量的专业书籍，家里的藏书多达上千本，供自己阅读、学习使用。学习过程中，房博看到有意思的地方或者可以延伸为故事的地方，就会抄记在纸上。他每天坚持写读书笔记，如今他的读书笔记已有四五本书那么厚。

“三天不看书自己知道，五天不看书游客知道，一周不看书同行知道。”房博觉得，既然想做一名学者型导游，那就要付出更多的努力。

（本案例节选于《新京报》，2019 年 11 月 4 日）

根据以上材料，谈一下你对导游服务发展趋势的理解和看法。

项目二　导游人员的职业素养

学习目标

知识目标：

1. 掌握导游人员的基本职责和素养。
2. 熟悉导游人员的礼仪知识。

能力目标：

1. 能够根据导游人员的职责提供有针对性的导游服务。

2. 能够按照导游人员的礼仪规范要求自己。

素质目标：

1. 培养学员的语言表达能力。

2. 培养学员的沟通协调能力。

3. 树立学员环保旅游、文明旅游的观念。

重点难点

重点：导游人员的职责。

难点：导游人员的素养。

引导案例

我的梦想——做一名导游

说到梦想，我只有一个，那就是做一名导游，我很想做导游，理由很简单，很朴实。

1. 可以环游世界

做国内导游，可以领略祖国的大好河山；做领队，可以环游世界。

2. 有足够的自由时间

导游在旺季里忙碌而充实，幸福并快乐着，等到了淡季就有充足的时间自由支配了。可以去旅行，可以走亲访友，可以在家陪父母，可以多读几本自己喜欢的书。

3. 职场更自由

大多数导游不必打卡坐班，不用在固定的场所和其他同事一起办公，按时接团、送团，提供优质的服务即可，所以职场相对更自由一些。

（本案例节选于导游考试宝典公众号，2019 年 9 月 5 日）

做一名导游人员是很多人的梦想，但很多人只看到导游行业的表象，未看到导游行业的本质。导游人员的职责有哪些？导游人员要具备哪些素质？导游人员的礼仪知识有哪些？本项目将带你走进导游人员的世界。

子项目一　导游人员的职责

项目任务 A

布置任务：

1. 各组选出一名学员谈谈导游人员的职责有哪些。

2. 小组自评，各组互评。

3. 计调经理点评。

一、地方陪同导游人员的职责

（一）安排本站旅游活动

地方陪同导游人员根据旅游接待计划，科学、合理地安排旅游团（旅游者）在当地的旅游活动。认真落实旅游团（旅游者）在本站的迎送工作，做好食、住、行、游、购、娱等方面的服务工作。

（二）导游讲解

做好旅游团（旅游者）在本站参观游览中的导游讲解和翻译工作，耐心地解答旅游者的问题，介绍本地景观。

（三）维护旅游者的安全

维护旅游者的人身和财产安全，做好事故的防范和安全提示工作。

（四）处理问题

妥善处理与当地各相关服务单位之间的协作关系，处理旅游团（旅游者）在本站旅游过程中可能出现的各类问题。

小思考 2-1

西岳华山一日游

门票:65 岁以上的游客,门票免费,但需要 10 元保险;持有军官证、军残证的游客,门票免费;学生半价;身高 1.2~1.5 米的儿童半价,身高 1.2 米以下的儿童免票;其余全价。

索道票有西峰索道和北峰索道两种票(60 岁以上 8 折,持军官证、军残证的游客 8 折,学生 9 折,身高 1.2~1.5 米的儿童半价,身高 1.2 米以下的儿童免票,其余全价)。

如果一个旅游车有游客 38 人(游客都没有军官证、军残证),其中:

65 岁以上的游客有 5 位(西峰索道上北峰索道下 1 人,西峰索道上西峰索道下 2 人,北峰索道上北峰索道下 2 人);

60~65 岁的游客有 3 位(西峰索道上西峰索道下 1 人,北峰索道上北峰索道下 1 人,西峰索道上北峰索道下 1 人);

60 岁以下的全价票的游客 20 位(西峰索道上西峰索道下 12 人,西峰索道上北峰索道下 6 人,北峰索道上北峰索道下 2 人);

学生(1.5 米以上)4 位(西峰索道上西峰索道下 1 人,西峰索道上北峰索道下 2 人,北峰索道上北峰索道下 1 人);

儿童(1.2~1.5 米)4 位(西峰索道上西峰索道下 2 人,西峰索道上北峰索道下 1 人,北峰索道上北峰索道下 1 人);

1.2 米以下的儿童 2 人(所有项目免费)。

请回答以下问题:

问题 1:根据材料,导游需要买多少种门票?

问题 2:索道票按照团队人员的类型分别购买,65 岁以上的 8 折票有几张?60~65 岁的 8 折票有几张?成人全票有几张?学生 9 折票有几张?1.2~1.5 米的儿童半价票有几张?

以上索道票共几张全票？几张半票？免票的有几人？

西峰索道几张全票？几张半票？北峰索道几张全票？几张半票？

二、全程陪同导游人员的职责

(一)实施旅游接待计划

全程陪同导游人员按旅游合同或约定，实施组团旅行社的接待计划，监督、检查各地接待社执行接待计划的情况和接待服务的质量。

(二)做好协调联络工作

全陪要做好各站之间的联络和衔接工作，督促、协助各地接待社安排和落实各项旅游活动，及时将旅游者的要求传达给地陪，推进旅游活动的顺利进行。

(三)做好出发前的讲解

在旅游活动开始之前，全陪要向全体旅游者介绍旅游行程、注意事项，在没有地陪接待的情况下，要做简要的讲解，回答旅游者的问题。

(四)保证旅游者的安全

在旅游过程中，全陪要保证旅游者的人身和财物安全，听取旅游者的意见、建议和要求，处理各种突发事件。

三、景区景点导游人员的职责

(一)导游讲解

负责景区景点的导游讲解，解答游客的问询。

(二)安全提示

提醒旅游者在参观游览过程中要注意安全，并给予必要的协助。

(三)宣传、反馈

向旅游者宣传环境、生态和文物保护等知识。对旅游者提出的意见和建议，及时向上级反馈，提高景区景点的服务质量。

四、海外领队的职责

（一）介绍情况、全程陪同

出发前向旅游团介绍旅游目的地国家或地区的概况，说明注意事项，全程陪同旅游团参观游览。

（二）落实旅游合同

监督和配合旅游目的地国家或地区的导游全面落实旅游合同，安排好旅游计划，组织好旅游活动。

（三）维护团结

维护旅游团内部的团结，妥善处理问题，处理好人际关系，保证旅游活动顺利进行。

（四）联络工作

负责与旅游目的地国家或地区接待旅行社的联络与沟通工作，转达旅游者的意见、建议，维护旅游者的合法权益，必要时和相关部门协商解决。

子项目二　导游人员的素养

一、道德素养

（一）爱国主义意识

爱国主义是指个人或集体对祖国的一种积极和支持的态度，集中表现为民族自尊心和民族自信心，对祖国的成就和文化感到自豪，强烈希望保留祖国的特色和文化基础。导游人员代表着国家或地区的旅游业形象，所以导游人员在向旅游者提供服务时要注意自己的言行，要自觉维护国家利益和民族尊严。

（二）良好的职业道德

导游人员的职业道德规范既是每个导游人员在职业活动中必须遵循的

职业行为准则，又是导游人员做好旅游服务工作的基本保证。爱国爱企、自尊自强，遵纪守法、敬业爱岗，公私分明、诚实善良，克勤克俭、宾客至上，热情大度、整洁端庄，一视同仁、不卑不亢，耐心细致、文明礼貌，团结服从、不忘大局，优质服务、好学向上等都是导游职业道德规范的内容。

二、知识素养

从导游人员应具备的知识结构来看，导游人员是“T 型人才”，不仅要有广博的知识面，而且要在某一知识领域内有较深的造诣。

（一）语言知识

语言是人类所特有的用来表达意思、交流思想的工具，是一种特殊的社会现象，由语音、词汇和语法构成一定的系统。语言会随着人类社会的发展而不断更新，产生一些新词，如“消费降级”就是 2018 年的新词语。同时，在网络上还催生出很多新词，如“硬核”（形容“很厉害”“很刚硬”）。

语言是导游服务的必备工具，是导游人员进行讲解、与游客进行信息沟通的桥梁，掌握语言知识是导游人员做好导游服务工作的基础。导游人员对语言的运用也需要与时俱进，紧跟时代的步伐，如在带年轻人的团队时，可以说些时下的流行语拉近与年轻人之间的距离。对于外语导游人员来说，则应该具备较强的口语表达能力。

（二）人文社会科学类知识

政治、经济、历史、民族、风俗文化等知识是导游人员讲解的素材，对各种知识的整合是导游人员的看家本领。例如，导游人员讲解的自然景观大多与地理、气候和地质知识相关，很多人文景观也蕴藏着丰富的文化内涵和历史渊源，导游人员如果没有丰富的知识储备，就不可能带给旅游者精彩的讲解。导游人员还应学习管理学等方面的知识，这样在工作中才能胸有成竹、游刃有余。

（三）政策法规知识

全国导游资格考试中，旅游政策与法律法规是必考的内容，导游人员必须掌握旅游相关的法律法规，在法律法规的框架内提供导游服务。导游人员必须掌握的旅游行业相关的法律法规有《中华人民共和国旅游法》《导游人员管理条例》《旅行社条例》《旅行社条例实施细则》《旅游安全管理办法》《旅游投诉处理办法》等。导游人员还要掌握和旅游服务密切相关的其他法律法规，如《中华人民共和国合同法》《中华人民共和国消费者权益保护法》《中华人民共和国出境入境管理法》《中华人民共和国外国人入境出境管理法实施细则》《中华人民共和国文物保护法》《娱乐场所管理条例》等。

(四)心理学和美学知识

导游人员为旅游者提供的服务，从一定意义上来说是一种心理服务。旅游者的性别、文化程度、职业、地域差异等会让他们在不同的旅游阶段呈现出不同的心理特征，导游人员要洞察旅游者的这种心理变化，为旅游者提供有针对性的心理服务。

旅游活动是一种综合性的审美活动，导游人员不仅要向旅游者传递知识，还要向旅游者传递与美相关的信息。导游人员要掌握一定的美学知识，提升自身的审美情趣，如欣赏书法、欣赏音乐、影视赏析等。导游人员要懂得什么是美，如何欣赏美的事物，并用生动的语言将事物的美感传达给旅游者，引导他们在旅游活动中欣赏美、享受美。

(五)旅行常识

旅行常识主要包括礼仪常识、交通常识、通信常识、民航票务、出入境手续的办理、行李的托运、货币知识、保险知识和安全救护知识等。导游人员掌握这些旅行常识有利于旅游活动的顺利进行，体现自己的专业素养并减少工作中的失误。

(六)客源国(地区)知识

旅游者可能来自不同的国家或地区，他们的文化传统和生活习惯可能存在差异，导游人员要了解并尊重这种差异，熟悉客源国(地区)的历史、地理、文化、民族、风俗习惯、宗教信仰和禁忌等。了解客源国(地区)知识,有助于导游人员向客源国(地区)的游客提供优质的服务。

子项目三　导游人员的礼仪

项目任务 B

布置任务:

1. 各组选出一名学员,模拟导游人员的坐姿、站姿、走姿和蹲姿。

2. 小组自评,各组互评。

3. 计调经理点评。

一名合格的导游人员应该是良好的内在修养和良好的外在职业形象完美结合的人。旅游者与导游人员初次接触,旅游者会对导游人员的仪容仪表和言谈举止形成一定的印象,对导游人员有一个大致的判断。导游人员要重视自己的衣着打扮、仪容仪表、电话礼仪和交通礼仪等方面,在与旅游者的交往中时刻体现"女士优先、保护环境、文明礼貌"等原则。

一、导游人员的形象礼仪

(一)导游人员的仪容仪表

仪容仪表,指人的容貌和服饰,也就是人的外表。干净整洁的容貌可以展现出一个人良好的精神面貌,衣着服饰可以体现一个国家、地区、民族的文化,同时也体现出一个人的衣着品味和文化修养。

导游人员的面容要整洁,可以适当化妆,但注意妆容要清新自然,不要浓妆艳抹,不要喷味道很浓郁的香水。发型要符合大众的审美,自然清新、美观大方、干净利落,要符合自己的身材、脸型和年龄,烫发要选择简单的造型,染发的颜色不能过于夸张。女性导游人员带团时,长发应该盘起来或者束发。男性导游人员应梳短发,头发长度应前不及眉毛,侧不掩耳朵,后不触及衣领,不留大鬓角、长发或光头。男性导游人员要每日清理胡须,女性导游人员在旅游者面前不要有补妆、梳头等行为。

导游人员要注意个人卫生，不露腋下，手脚清洁，不留长指甲，不涂颜色过于鲜艳的指甲油，不做夸张的美甲。保持鼻腔的清洁，经常清理鼻腔，男性导游人员要注意定期修剪鼻毛。

导游人员着装应该大方得体，着装要与特定的时间（time）、地点（place）、场合（occasion）相适应，即遵循"TPO"原则。衣服颜色的搭配可以遵循"三色原则"，即全身的衣服颜色不超过三个色系。除部分景区景点导游要求穿着统一的制服外，大部分导游人员在带团时因导游工作的需要会穿着运动类或休闲类的服饰，注意不要穿着过紧、过露和过透的衣服，衣服款式不要过于另类。要注意饰品的佩戴，手上除手表、婚戒外，不适合佩戴过多的饰物，耳环最好是贴耳式，不要佩戴拱形、环形等款式夸张的耳环，项链最好是不夸张的净版链。总之，饰品的佩戴以少为佳。为了保护眼睛，很多导游会在带团时佩戴太阳镜，但要注意在车厢内或者在室内活动时，不要佩戴太阳镜。

小思考2－2

一位新导游带团之前，特意在服饰和妆容上按照自己的理解把自己精心修饰了一番，做了贴闪钻的美甲，化妆之后还特意多喷了一些香水，身穿黑色皮短裙，搭配红色高跟鞋，并将手镯、手链等饰品一并戴上，她觉得这样"赏心悦目"的自己一定会受到游客的欢迎。

请你运用所学的知识，谈一下这位新导游在服饰和妆容上有哪些不妥之处。

（二）导游人员的仪态礼仪

导游人员在工作中要时刻注意自己的仪态，举止自然大方，同时要充满朝气和活力，要有规范的站姿、优雅的坐姿、挺拔的走姿、正确的蹲姿。

导游人员正确的站姿是身体重心放在两脚之间，头正，挺胸，收腹，腰挺直,肩平,两臂自然下垂,给人以谦恭有礼之感。女性的双手可以搭在一起,放在小腹部,双腿并拢;男性双腿分开,两脚的距离与肩同宽。注意在站立时,不要倚靠在其他物体上,不要双手叉腰、抱胸或者插入裤子口袋里,双腿不要交叉站立,手上不要有其他小动作,否则会给旅游者以不庄重、不专业的感觉。

导游人员正确的坐姿是腰背挺直、双脚落地,臀部坐在椅子中央,手臂放松,双手自然放在双腿上,双目平视,面带微笑,给人以温文尔雅之感。女性双腿并拢,男性双腿可适度分开。身体不要坐满椅子,后背倚靠在椅背上,不要跷二郎腿,双腿不要抖动,否则会给人以傲慢无礼之感。

导游人员正确的走姿是上身保持直立,挺胸收腹,双臂自然摆动,双腿有节奏地交替迈出,给人以轻盈稳健之感。

导游人员正确的蹲姿是上体直立,单腿下蹲,两腿紧靠。导游人员为旅游者捡拾掉落的物品时,应侧身下蹲,这样做既文雅又可以避免女性走光。下蹲时,不要弯腰撅臀,这种姿势十分不雅。

(三)导游人员的手势

手势是人们在日常交往中为了增强情感表达效果而采用的一种体态语言。导游人员在讲解中经常会应用到手势,如与宾客交谈、指示方向、清点人数时辅以恰当的手势,会给人以彬彬有礼、优雅自如之感。但要注意,手势不宜过多,动作不能太大,更不能用手指对人指指点点。导游人员还要了解手势的含义,在不同的国家或地区手势所代表的含义可能是完全不同的。比如,竖拇指这个手势,在中国表示“好”“真棒”的意思,但在欧洲的很多国家或地区是搭便车的意思。

(四)导游人员的表情

表情是人的思想情感的外在体现。导游人员在工作中要学会运用表情,要让旅游者感觉到热情、真诚和耐心。微笑服务是导游服务质量优良的重要标志,如果导游人员表情冷漠、僵硬,态度上勉强、敷衍,这样都不会受到旅游者的欢迎。发自内心的微笑是表达友好的无声语言,微笑能让旅游者快速地消除与导游人员的陌生感和紧张感,拉近与导游人员的距离。

二、导游人员的交往礼仪

(一)交谈礼仪

导游工作的性质决定了语言沟通的重要性,从开始接团到最后送团,都离不开语言的表达。导游人员在与旅游者交谈时,首先要注意礼貌用语的使用,礼貌谦逊的语言加上恰当的表达、真诚的微笑,会让旅游者有宾至如归之感。导游人员对旅游者应使用敬称,称呼旅游者时用“您”“先生”“女士”等规范称呼,避免使用一些如“亲”“美女”“亲爱的”等一些不规范的用语。多用雅语,用“洗手间”代替“厕所”,用“不新鲜”代替“发臭”,多用“请”“谢谢”“对不起”等文明用语。

导游人员在与旅游者交谈时,双方应保持一定的距离,注视对方的三角区,态度诚恳、面带微笑,表情自然大方,不要心不在焉、左顾右盼,要表现出对谈话的兴趣,不要打断旅游者的讲话,谈话内容不要涉及个人隐私,不谈论政治、民族和宗教问题。

(二)见面礼仪

见面礼仪主要包括问候礼仪、介绍礼仪、握手礼等。

问候是人们日常见面最简便的礼节,导游人员可以向旅游者说“早上好,昨晚休息得好吗?”“晚上好”“您好”等。中国人问候时习惯说“吃了吗?”“上哪去啊?”等问候语,但此类问候语不适合用在外国人身上,不了解中国风俗习惯的外国人,会以为你要请他吃饭或是在打探他的隐私。为避免不必要的误会,导游人员的问候方式合理、得体即可。

介绍分为自我介绍和介绍他人。导游人员的自我介绍主要是致欢迎词

(本书项目五有详细的介绍,这里不再赘述)。介绍他人认识之前要看双方是否有想结识的意愿,在介绍时要注意介绍的顺序,应把男士介绍给女士,把年轻的介绍给年长的,把客人介绍给主人。在提供旅游服务的过程中,导游人员与旅游者常有交换名片的需要,这里对名片的交换礼仪进行简单的介绍。递送名片时应站立,用双手递送,拇指和食指捏住名片的两角,正面朝上,文字正向朝着旅游者。而接受名片的一方,应礼貌地回应对方,认真看一下对方的名片,并回敬一张自己的名片。接过名片后切不可随意摆弄,也不要顺手塞在裤子口袋或随手夹在文件里,而应放在名片夹里或者上衣内兜里。如果没带名片,应礼貌地向对方表示歉意。

握手礼是导游人员与旅游者见面、道别时常用的礼节,握手的先后顺序一般是女士、年长者、上级先伸手,以示尊重。握手时应站立,不要坐着握手。男士握手时应脱下帽子和手套,女士握手时可戴薄手套,不算失礼。男士与男士握手,虎口相对,握手的力度可以稍大。男士与女士握手、女士之间握手,都只握住手指部分,力度稍轻。握手时间一般为 1 ~ 3 秒,握手应用右手,忌用左手。

(三)用餐礼仪

导游人员和司机一般用司陪餐,但有些旅游者会邀请导游人员和司机一起用餐。在征得旅行社同意的情况下,导游人员会出席一些宴会、舞会等场合,所以有必要了解一下餐桌礼仪。

导游人员接受邀请后,要准时到达预定地点,听从安排,不要先于他人落座,落座后坐姿端正,与餐桌保持适当距离。餐巾要放在腿上,不要放在脖子下面,可以用来擦手,但不能用来擦拭餐具。如果是吃西餐,应右手持刀,左手持叉,喝汤使用汤匙,吃面包要掰成小块放入口中。席间要与邻座的旅游者适当交谈,但口内有食物时应避免说话。进餐过程中不宜吸烟,保持清醒,控制好饮酒量,没有急事不要中途离席。

三、导游人员的电话礼仪

电话是导游人员日常工作中必不可少的通信工具，与接待单位联络、与旅行社沟通、与旅游者联系都少不了使用电话，所以正确使用电话、注意通话内容对导游人员来说很重要。

导游人员应将手机放在衣服的口袋里或者随身携带的包里，不要把手机挂在脖子上或总是把手机拿在手里。手机铃声不要设置成尖锐、刺耳或者怪异的声音。导游人员与旅游者交谈的时候不要摆弄手机，这样会让人觉得你对谈话的内容不感兴趣，也很不礼貌。

导游人员与旅游者通话的时候既要讲究礼仪规范，又要清楚地表达意思，通话内容要简明扼要，音量和语速适中，做到逻辑清楚、思路清晰、表达准确，重点强调的地方可以再次重复，如地点、时间、电话号码等。通话结束通常是由拨打电话的一方先挂断电话，可以先发出一些结束通话的暗示，如“好的，那就先这样”“你看还有其他问题吗？”等。

给别人打电话要注意时间，上午最好 9:00—11:00，下午最好 14:00—16:00，21 点以后尽量不要拨打电话，尽量避开用餐和休息的时间，以免引起对方的反感。尽量长话短说，通话时间不宜过长，如果通话时间预计超过 5 分钟，应事先询问对方现在是否方便，如不方便应另约时间再沟通。

四、导游人员的旅游交通礼仪

导游人员带领旅游者步行时，要走人行横道，避免在车流中穿行，不能冒险翻越隔离带。

乘坐旅游大巴车时，导游人员在车下迎候旅游者，安排旅游者有序上车，第一排为导游专座，前排尽量留给老、弱、病、残、孕的旅游者，大件行李放在行李舱，不要把行李放在座位或过道上，以免发生危险。在车厢内提醒大家不要乱扔垃圾、禁止吸烟，共同维护好车厢内卫生。

乘坐轿车时，导游人员要根据旅游者的身份安排座次，要符合常规，也要适时而变。乘坐双排五人座轿车时，在有司机的情况下，后排右座，也就是司机后面斜对角座位是最尊贵的位置，此座上下车最为方便。其次是司机后面的位置，然后是后排中间的位置，最后是副驾驶的位置，副驾驶的位置通常被称为“随员座”，一般是助理、警卫、秘书的座位，不宜请旅游者在此就座。座次排法如图 2－1 所示。如果是主人亲自驾车，则副驾驶为上座，座次排法如图 2－2 所示。

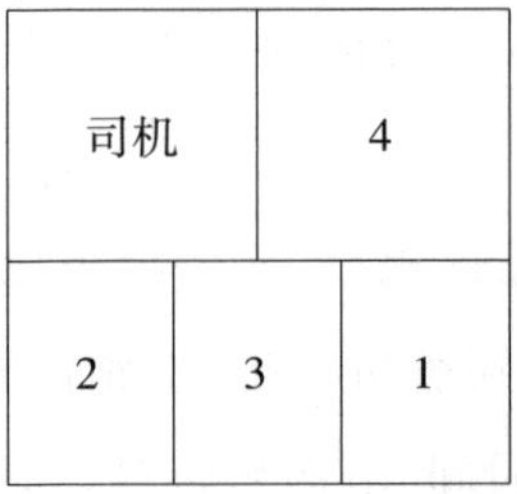

图 2－1　五人座轿车司机开车座次位置

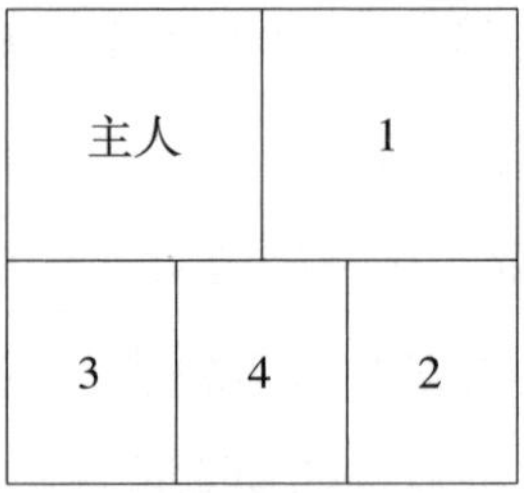

图 2－2　五人座轿车主人开车座次位置

乘坐三排七人座轿车时，第三排位次优于第二排，司机开车座次排法如图 2－3 所示。如果是主人亲自驾车，则副驾驶为上座，座次排法如图 2－4 所示。

图 2－3　七人座轿车司机开车座次位置

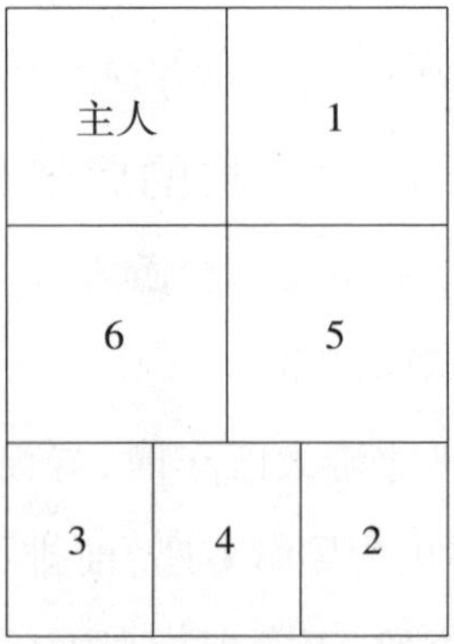

图 2－4　七人座轿车主人开车座次位置

小思考 2－3

某省 H 市某旅行社的张总应 M 市某旅行社的李总邀请，前来洽谈旅游业务，张总带秘书小赵乘坐高铁到达 M 市，如果李总与单位司机开五人座轿车前来接站，该如何安排座次位置？如果是李总亲自开车来接站又该如何安排座次位置？

越野车无论谁驾驶，副驾驶座位都是上座。

火车的位次，软卧高于硬卧，硬卧高于硬座。软卧和硬卧最好的位置是下铺，然后是中铺、上铺，这一点从票价上也可以体现出来。硬座以正向靠窗位置为佳。

飞机一般有通舱、两舱和三舱的布局。通舱就是全飞机都是经济舱座位，一般是机座不多的小飞机；两舱一般设有头等舱（或商务舱）和经济舱两种类型座位；三舱一般设有头等舱、商务舱和经济舱三种类型座位。三种舱位在机舱位置、服务标准、餐食、登机和下机顺序、行李额上都有区别。机票价格最高的为头等舱，基本不打折，当然也最为舒适；其次为商务舱，硬件设施和舒适度次于头等舱；最为经济实惠的是经济舱，且票价经常有打折活动。

以上交通礼仪的规范具有一定的指导意义，但在现实生活中导游人员要灵活运用，如有些旅游者就喜欢坐在轿车副驾驶的位置，导游人员也不必将其安排到“重要”位置，所谓的“游客坐在哪里，哪里就是上座”，就是这个道理。

思考题

1. 导游人员应具备哪些素养？

2. 导游人员的形象礼仪包括哪些方面？

课后实训

做了导游之后

这些导游“职业病”，快来看看，你符合几条？

1. 每次朋友想出去旅游，都能报出一系列的景点票价、路况信息、周边餐厅。

2. 平时聚会，最爱分享如何处理各种问题和投诉，相互汲取经验。

3. 带团的时候，各种逗趣，嘴不停，脚不歇；不带团的时候，一句话不愿多说，一步路不想多走。

4. 太久没有带团，就会不停地打电话问其他同行：“你最近有团吗？”

5. 打包专家，行李箱放在家里显眼的地方，随时可以出发。即便半夜三更，旅行社一个电话要救急，爬起来就把包背起，快速到达目的地。

6. 凡事喜欢给别人留余地，职业习惯使然，所以更懂得理解他人的辛苦。

（本案例根据导游之家公众号资料改编，2019 年 9 月 22 日）

根据以上材料，谈一下导游这个职业吸引你的地方。

项目三　导游人员的管理

学习目标

知识目标：

1. 熟悉导游人员的权利和义务。

2. 了解导游考试的报名条件和考试内容。

3. 电子导游证与原 IC 卡导游证的区别。

能力目标：

1. 能够按照导游人员的权利和义务规范导游服务。

2. 能够按照要求报考导游相关的考试和指导他人报考。

素质目标：

1. 培养学员的自学能力。

2. 培养学员的沟通协调能力。

重点难点

重点：导游人员的权利和义务。

难点：导游人员的管理。

引导案例

全国导游大赛

文化和旅游部高度重视导游管理和服务工作，大力实施导游专业素养研培计划，加快完善导游等级考评机制，积极推进导游执业改革。自2010年以来，全国导游大赛已经连续举办了3届，参赛人数累计超过1.5万人次，先后有20余名决赛获奖导游获得“全国青年岗位能手”“全国巾帼建功标兵”“五一劳动奖章”等称号。全国导游大赛全面考核参赛选手的专业知识储备、语言表达、模拟带团、实地带团等综合素质，许多优秀选手起到了示范引领作用，带动了一批批讲政治、专业精、服务好的优秀导游。

（本案例节选于《中国旅游报》，2019年9月11日）

参加导游大赛可以展示自己的风采，与同行交流导游经验，同时能够激励自己提高技能水平，提升文化底蕴和综合素质。如果有这样的参赛机会，你愿意去尝试吗？说说你的理由。

子项目一　导游人员的权利和义务

项目任务 A

布置任务：

1. 各组选出一名学员谈一谈参加导游比赛应该在哪些方面做准备。

2. 小组自评，各组互评。

3. 计调经理点评。

一、导游人员的权利

（一）导游人员享有人格尊严不受侵犯权

《导游人员管理条例》第十条规定，导游人员进行导游活动时，其人格尊严应当受到尊重，其人身安全不受侵犯。导游人员有权拒绝旅游者提出的侮辱其人格尊严或者违反其职业道德的不合理要求。

（二）导游人员在旅游活动中享有调整或变更接待计划权

《导游人员管理条例》第十三条规定，导游人员在引导旅游者旅行、游览过程中，遇有可能危及旅游者人身安全的紧急情形时，经征得多数旅游者的同意，可以调整或变更接待计划，但是应当立即报告旅行社。

（三）导游人员对旅游行政行为不服时，依法享有申请复议权

如果导游人员对旅游行政部门给予的行政处罚不服，依照我国《中华人民共和国行政复议法》的规定，有权向旅游行政机关申请复议。

（四）导游人员对旅游行政部门的具体行政行为不服时，享有向人民法院提起行政诉讼权

《中华人民共和国行政诉讼法》第二条规定，公民、法人或者其他组织认为行政机关和行政机关工作人员的行政行为侵犯其合法权益，有权依照本法向人民法院提起诉讼。

二、导游人员的义务

（一）导游人员应当不断提高自身业务素质和职业技能

《导游人员管理条例》第七条规定，导游人员应当不断提高自身业务素质和职业技能。国家对导游人员实行等级考核制度。导游人员等级考核标准和考核办法，由国务院旅游行政部门制定。

（二）导游人员进行导游活动时，应当佩戴导游证

《导游人员管理条例》第八条规定，导游人员进行导游活动时，应当佩戴导游证。佩戴导游证是导游人员执行导游服务时的一项法定义务，这样便于旅游者识别导游人员，便于旅游行政管理部门的监督、检查。

（三）导游人员进行导游活动，必须经旅行社委派

《导游人员管理条例》第九条规定，导游人员进行导游活动，必须经旅行社委派。导游人员不得私自承揽或者以其他任何方式直接承揽导游业务，进行导游活动。《导游人员管理条例》第十九条规定，导游人员未经旅行社委派，私自承揽或者以其他任何方式直接承揽导游业务，进行导游活动的，由旅游行政部门责令改正，处 1000 元以上 3 万元以下的罚款；有违法所得的，并处没收违法所得；情节严重的，由省、自治区、直辖市人民政府旅游行政部门吊销导游证并予以公告。

（四）导游人员进行导游活动时，应当自觉维护国家利益和民族尊严

《导游人员管理条例》第二十条规定，导游人员进行导游活动时，有损害国家利益和民族尊严的言行的，由旅游行政部门责令改正；情节严重的，由省、自治区、直辖市人民政府旅游行政部门吊销导游证并予以公告；对该导游人员所在的旅行社给予警告直至责令停业整顿。

（五）导游人员进行导游活动时，应当遵守职业道德

导游人员职业道德，主要由导游职业道德、导游职业责任、导游职业态

度、导游职业纪律、导游职业技能、导游职业良心、导游职业荣誉等构成，可以概括成下面几句话：遵纪守法，敬业爱岗；优质服务，宾客至上；真诚公道，信誉第一；不卑不亢，一视同仁；团结协作，顾全大局；好学上进，提高业务。

（六）导游人员应当严格按照旅行社确定的接待计划，安排旅游活动

《导游人员管理条例》第十三条规定，导游人员应当严格按照旅行社确定的接待计划，安排旅游者的旅行、游览活动，不得擅自增加、减少旅游项目或者中止导游活动。《导游人员管理条例》第二十二条规定，导游人员有下列情形之一的，由旅游行政部门责令改正，暂扣导游证3至6个月；情节严重的，由省、自治区、直辖市人民政府旅游行政部门吊销导游证并予以公告：1. 擅自增加或者减少旅游项目的；2. 擅自变更接待计划的；3. 擅自中止导游活动的。

（七）导游人员在进行导游活动时，应当向旅游者作出真实说明和明确警示

《导游人员管理条例》第十四条规定，导游人员在引导旅游者旅行、游览过程中，应当就可能发生危及旅游者人身、财物安全的情况，向旅游者作出真实说明和明确警示，并按照旅行社的要求采取防止危害发生的措施。

（八）导游人员进行导游活动时，不得向旅游者兜售物品或者购买旅游者的物品

《导游人员管理条例》第二十三条规定，导游人员进行导游活动，向旅游者兜售物品或者购买旅游者的物品的，或者以明示或者暗示的方式向旅游者索要小费的，由旅游行政部门责令改正，处1000元以上3万元以下的罚款；有违法所得的，并处没收违法所得；情节严重的，由省、自治区、直辖市人民政府旅游行政部门吊销导游证并予以公告；对委派该导游人员的旅行社给予警告直至责令停业整顿。

（九）导游人员进行导游活动时，不得欺骗、胁迫旅游者消费

《导游人员管理条例》第二十四条规定，导游人员进行导游活动，欺骗、胁迫旅游者消费或者与经营者串通欺骗、胁迫旅游者消费的，由旅游行政部门责令改正，处1000元以上3万元以下的罚款；有违法所得的，并处没收违法所得；情节严重的，由省、自治区、直辖市人民政府旅游行政部门吊销导游证并予以公告；对委派该导游人员的旅行社给予警告直至责令停业整顿；构成犯罪的，依法追究刑事责任。

子项目二　导游人员考试管理

项目任务B

布置任务：

1. 各组选出一名学员回答，全国导游资格考试的报考时间，考试内容是什么。

2. 小组自评，各组互评。

3. 计调经理点评。

全国导游资格考试由导游综合知识（即笔试）和导游服务能力（即面试）两部分构成。自2016年起，笔试改为全国统考，并采取机考形式。面试时间及考试内容仍由各省自主决定。

一、全国导游资格考试

（一）全国导游资格考试报名条件

1. 中华人民共和国公民。

2. 具有高级中学、中等专业学校或者以上学历。

3. 身体健康。

4. 具有适应导游需要的基本知识和语言表达能力。

（二）全国导游资格考试内容

1. 导游综合知识（笔试）

主要内容：

（1）科目一：政策与法律法规。

（2）科目二：导游业务。

（3）科目三：全国导游基础知识。

（4）科目四：地方导游基础知识。

2. 导游服务能力（科目五，面试）

主要内容：

（1）导游讲解能力。

（2）导游规范服务能力。

（3）导游特殊问题处理及应变能力。

二、全国中高级导游等级考试

1. 全国中级导游等级考试分为中文（普通话）和外语考试。中文（普通话）考试科目为“导游知识专题”“汉语言文学知识”，外语考试科目为“导游知识专题”“外语”。各类别考生考试科目均为两科。

2. 全国高级导游等级考试分中文（普通话）和英语两个语种，考试科目均为“导游综合知识”和“导游能力测试”。其中，中文（普通话）考试以中文命题，并以中文作答；英语考试以英语命题，并以英语作答。

初级导游员和中级导游员是旅行社的业务骨干，高级导游员虽然在数量上只是少数，但是对导游服务质量的提升和旅行社形象的维护起着非常重要的作用，是旅行社宝贵的人才。

子项目三　导游人员的行政管理

一、导游人员管理办法

导游人员不仅有提供旅游服务的作用，还有对外展示旅游形象、传播中国文化、促进中外交流的作用，为推动旅游业的发展做出了贡献。但近年来，旅游业出现了“不合理低价游”、旅游者在旅游中受到不公平待遇等侵害旅游者合法权益的现象，使导游人员的形象受损。如何破解导游人员执业难题，保障导游人员和旅游者的合法权益，维护旅游市场秩序，顺应大众对旅游市场的需求成为亟待解决的问题。

2016 年 9 月，国家旅游局（现改名为中华人民共和国文化和旅游部，以下简称文旅部）废止了 2001 年颁布实施的《导游人员管理实施办法》，停止实施导游岗前培训考核、计分管理、年审管理和导游人员资格证 3 年有效等不适应改革发展需要的制度。2018 年，为深化新时代下旅游业供给侧结构性改革，国家旅游局实施《导游管理办法》（以下简称《办法》），进一步加强导游队伍建设，保障导游合法权益。

（一）实现导游证网上审批

有了网上审批之后，导游不必再去旅游行政部门办理导游证的相关业务，而是可以直接通过网络进行网上申请、变更或者注销导游证的操作，这大大缩短了审批的时间，减少了审批流程，降低了审批成本。网上审批有痕迹可以监控，明确了旅游部门的审批职责，规范了审批行为，导游可以随时查询审批进度，了解审批情况。

（二）间接下放导游证审批层级

《导游人员管理条例》规定，可以由国务院旅游行政部门委托省级旅游行政部门核发导游证。《办法》秉持简政放权、优化服务的理念，为方便导游申请取得导游证，将核发导游证的部门明确为旅行社（含旅行社分社）或者旅游行业组织所在地的省、自治区、直辖市旅游主管部门，或者其委托的设区的市级旅游主管部门、县级旅游主管部门。

（三）明确申请导游证需要提交的材料

《办法》明确规定导游申请取得导游证需要提交的申请材料，使导游申请导游证有据可查、有章可循。改革之前，申请导游证需本人提供健康证,改革后,将导游需提供健康证、无过失犯罪以外的犯罪记录的证明改为承诺。首次申请时,提交符合像素要求的身份证扫描件或者清晰的数码照片即可。申请人必须对提交的材料的真实性负责,如果隐瞒实际情况、提供虚假材料,或者以欺骗或贿赂等不正当手段申请取得导游证,除不予受理、不予许可或者撤销许可并给予警告等处罚外,申请人在规定时间内不得再次申请执业。

(四)明确导游证的审批、核发、申领

《办法》明确了旅游行政部门受理申请、核发和变更导游证的期限,以及旅行社和旅游行业组织确认相关信息的期限。同时规定,旅游部门核发导游证不得收费,旅游行业组织在接受申请人取得导游证的注册时,不得以注册费等名目收取会费。导游证可以在旅行社分社所在地进行申领。

二、导游证管理办法

电子导游证与原 IC 卡导游证都是导游取得的从事导游执业活动的许可证件,但两者在核发、载体形式、功能、使用管理等方面均存在明显的区别。

(一)核发方面

通过了全国导游资格考试的人员,就可以在全国旅游监管服务平台申领电子导游证。经旅游部门审批通过后,导游在手机上下载全国导游之家APP,注册并登录,即可自动生成电子导游证。同时,导游可以到相关部门申领卡片式"导游身份标识",这种工作标牌便于旅游者和执法人员识别。电子导游证和"导游身份标识"卡的申领均十分便捷,而原来的 IC 卡导游证的制作周期长,申请、核发的程序相对复杂,使用的成本也较高。

(二)载体形式方面

电子导游证保存在手机等移动终端设备中,以电子数据的形式存在,只要手机在手,即可随时登录查看。导游身份标识有自己独一无二的二维码,可随时扫码查验。而原来的 IC 卡导游证虽然内含电子芯片,但不是以电子数据的形式存在,容易丢失。

（三）功能方面

两者的功能有明显的不同。电子导游证集导游基本信息、执业信息、社会评价于一体，更便于导游执业和相关部门的管理。除了显示导游的基本信息之外，电子导游证还能够存储导游的执业轨迹，记录导游每一次带团的社会评价，体现导游的服务星级水平，建立起导游执业的完整数据库，登录全国导游之家，可以查询导游的基本信息和职业轨迹。而 IC 卡导游证只能体现导游姓名、性别、导游证号等一般性的静态信息。

（四）使用和管理方面

旅游者和旅游主管部门的工作人员用微信扫描电子导游证二维码，可以对导游身份进行查验，防止一些人非法从事导游活动。IC 卡导游证需要用专用的识别设备才可以读取信息。

小思考 3－1

导游资格证终身有效，导游证有效期 3 年，这种说法对吗？

三、规范导游执业行为

《办法》在规范导游执业行为方面主要作出以下规定：第一，为导游体制改革留出空间，多年以来一直规定导游人员从业必须受旅行社委派，但新规定的说法是“导游为旅游者提供服务应当接受旅行社委派，但另有规定的除外”，“另有规定”使导游的执业形式有了更广阔的空间，导游人员自由执业正在探索之中；第二，明确“导游身份标识”制度，便于旅游者和执法人员识别导游人员身份；第三，为治理“不合理低价游”、欺客等现象，细化了《中华人民共和国旅游法》第三十五条的规定，对导游诱骗、强迫或者变相强迫旅游者消费等行为作出了规定；第四，对导游涂改、倒卖、出租、出借导游证，或者以其他形式非法转让导游执业许可，以及擅自委托他人代为提供导游服务的，由县级以上旅游主管部门责令改正，并可以处 2000 元以上 1 万元以下罚款；第五，明确了导游证的撤销和注销制度，对隐瞒情况、提供虚假材料或者以欺骗、贿赂等不正当手段取得导游执业证件的行为，要承担法律责任。

四、保障导游权益

（一）在导游执业权利方面

《劳动法》《劳动合同法》规定，用人单位必须为劳动者提供安全设施、劳动卫生条件、劳动防护用品和劳动保护设施，特别是对女职工要实行特殊劳动保护。《办法》规定，旅行社等用人单位应当维护导游执业安全、提供必要的职业安全卫生条件，并为女性导游提供执业便利、实行特殊劳动保护。

（二）在导游劳动保障方面

《办法》鼓励导游对旅行社违反与劳动有关的法律法规的行为进行投诉举报，依法维权。同时，《办法》细化了《中华人民共和国旅游法》的规定，要求旅行社应当与取得导游证的导游订立不少于 1 个月期限的固定期限或者无固定期限劳动合同，旅行社临时聘用的导游与其他单位不具有劳动关系或者人事关系的，旅行社应当与其订立劳动合同。《旅行社条例》规定，旅行社不得要求导游人员和领队人员接待不支付接待和服务费用或者支付的费用低于接待和服务成本的旅游团队，不得要求导游人员和领队人员承担接待旅游团队的相关费用。《办法》规定，旅行社要求导游接待以不合理低价组织的旅游团队或者承担接待旅游团队的相关费用的，导游有权向旅游主管部门投诉举报。

（三）在导游培训方面

旅游主管部门应每年向导游人员免费提供导游培训，提升导游人员的服务能力和水平。导游培训方式包括培训班、专题讲座、网络在线培训等，每年为导游提供的免费培训时间累计不得少于 24 小时。此外，考虑到导游除了有日常带团的需要外，还在踩线、学习等与执业相关的活动中有进入景区的需要，旅游主管部门从鼓励和倡导的角度希望景区为导游提供方便，但不能强制要求景区免除门票。

五、导游人员等级考核制度和导游星级评价制度

导游为旅游业的发展做出了积极的贡献,但导游的素质仍参差不齐,需要研究并设计一种与导游服务质量直接相关,通过市场化方式对导游服务水平进行评价的模式,便于旅行社、消费者对导游进行识别和选择。基于此种情况,当时的国家旅游局在认真调研并借鉴相关行业的有关制度的基础上,建立了导游人员等级考核制度和导游星级评价制度。

导游人员等级考核制度与导游星级评价制度都是为了方便旅游者识别导游能力水平,并激励导游提升导游职业素养而确立的制度,两者互为补充,但也存在着明显的区别。一是评价功能不同。导游人员等级考核制度是对导游职业技能水平的评价,侧重的是技能水平,是静态的评价,导游人员等级有初级、中级、高级、特级,一般只升不降;导游星级评价制度侧重对导游服务能力、服务水平、服务质量和信用水平的评价,是动态的评价,星级有升有降。二是评价方式不同。导游人员等级考核制度下,导游人员只要到了规定年限,符合相关要求,通过了考试就可获得相应等级的证书,并且参加全国导游大赛获得最佳名次的导游可以晋升等级;导游星级评价主要基于旅游者对导游服务的客观评价,没有考试,没有评定机构,完全是旅游者对导游服务的评价,通过全国旅游监管服务平台自动计分,生成导游服务星级。三是评价内容不同。导游人员等级考核中,中级导游人员考核内容主要为"导游知识专题"和"汉语言文学知识",高级导游人员考核内容主要为"导游综合知识"和"导游能力测试",特级导游人员的考核采取论文答辩方式;导游星级评价是旅游者对导游服务水平的综合评价,评价指标包括社会评价、技能水平、执业经历、学习培训和奖惩情况等。

小知识 3－1

文化和旅游部正式挂牌

此前的2018年3月13日,《国务院机构改革方案》决定:将文化部、国家

旅游局的职责整合，组建文化和旅游部，作为国务院组成部门，不再保留文化部、国家旅游局。

随后的 3 月 19 日，十三届全国人大一次会议第七次全体会议经投票表决，决定雒树刚为文化和旅游部部长，这也是我国文化和旅游部首位部长。

文化和旅游部的主要职责是：贯彻落实党的宣传文化工作方针政策，研究拟订文化和旅游工作政策措施，统筹规划文化事业、文化产业、旅游业发展，深入实施文化惠民工程，组织实施文化资源普查、挖掘和保护工作，维护各类文化市场（包括旅游市场）秩序，加强对外文化交流，推动中华文化走出去等。

文化和旅游部的正式挂牌，预示着中国将开启文化和旅游新时代。

（节选于中国网，2018 年 4 月 8 日）

思考题

1. 导游人员的权利和义务有哪些？
2. 导游人员报考全国导游资格考试的条件有哪些？考试内容有哪些？
3. 导游人员等级考核制度和导游星级评价制度的区别是什么？

模块二 导游实训

项目四 景区景点导游服务

学习目标

知识目标：

1. 掌握景区景点导游服务的概念。

2. 掌握景区景点导游服务的程序。

能力目标：

1. 能够为旅游者提供景区景点导游服务（包括自然保护区、风景名胜区、博物馆、纪念馆、名人故居等地）。

2. 能够解答旅游者提出的有关景区景点的问题。

素质目标：

1. 培养学员吃苦耐劳的精神。

2. 注重景区景点导游的仪容仪表。

3. 掌握克服紧张心理的方法。

重点难点

重点：景区景点导游服务的程序。

难点:掌握与景区景点相关的外延知识。

引导案例

十年讲述文物背后的故事

左佳佳,常州博物馆金牌讲解员,十年如一日的坚守,从懵懂到喜欢,从喜欢到热爱,讲解已经成为她生活中不可或缺的一部分。日复一日,她用通俗易懂的语言,为人们讲述文物背后鲜为人知的历史故事。左佳佳用生动的语言穿插着故事性的描述,让参观者了解到国家文物的过去,听她的讲解就仿佛置身于遥远的历史长河之中。

2015 年敦煌艺术大展的场景历历在目。"那是难度最大的一次,时间非常紧,需要完成敦煌展的讲稿撰写工作和背诵工作,那个时候宝宝才几个月大,每天我哄着她睡着了就把自己关在书房里写稿子。"为了把一幅幅壁画生动地讲解给观众听,左佳佳每天必须花大量的时间去研究揣摩,稿子一改再改,她第一次尝试用不到一周的时间把近两万字的稿子背了下来。同时,她还要肩负儿童剧活动的策划、导演、美工、音乐、排练的工作,每天只睡三四个小时。最后,左佳佳的讲解和儿童剧活动都获得了成功。

(本案例节选于中国常州网,2017 年 10 月 16 日)

很多人认为景区景点导游工作相对简单,不像地陪、全陪要涉及游客的食、住、行、游、购、娱等各个方面,在工作程序上相对不那么复杂,只要讲解过关就行了。可事实确实如此吗?根据以上资料,谈一谈你对景区景点导游人员的认识。

子项目一 迎接前的服务准备

项目任务 A

布置任务:

1. 每组抽取一名学员谈一谈景区景点导游人员在仪容仪表方面应该注意什么。

2. 小组自评,各组互评。

3. 计调经理点评。

景区景点导游人员也称定点讲解员(以下简称讲解员),指在景区景点范围内提供讲解、向导和翻译等服务的工作人员,讲解范围包括风景区、自然保护区、名人故居、博物馆和纪念馆等旅游景点。讲解员应该用生动的语言和其他辅助的表达方式,将景区介绍、建筑特色、历史沿革等信息传递给旅游者,为旅游者提供高质量、高水平的讲解服务。

一、熟悉情况

讲解员要事先了解旅游团(旅游者)的基本情况,如人数、身份、职业、文化程度、宗教信仰、风俗习惯等,了解旅游团(旅游者)停留的时间、旅游行程的安排、有无特殊要求等细节,这样才能提供优质的导游讲解服务。

二、知识准备

(一)景区景点知识

讲解员要非常熟悉景区景点的情况,准备好相关的讲解知识,必要时还要掌握国内外其他同类景区的情况,让讲解内容有对比、更生动,如镜泊湖是世界第二大、我国第一大高山堰塞湖,海拔350米,瑞士的日内瓦湖是世界第一大高山堰塞湖,海拔375米。讲解内容的篇幅和深度要根据旅游者的需要和文化层次的不同而随时进行调整。

(二)语言知识准备

讲解员既担负着宣传和教育的职能,又要有效地组织和引导旅游者参观,应具有良好的嗓音条件和语言表达能力,善于交流。讲解员的职业特点与旅行社导游人员的区别在于它综合了教师、播音、表演等职业的技术手段,讲解中更注重语言的运用。讲解员以中文普通话为主,普通话水平应达到二级甲等及以上。外语讲解员、哑语讲解员、方言讲解员的语言能力也应达到相应的标准。

三、物质准备

（一）注意仪容仪表

讲解员要具有良好的职业形象，佩戴好本景区的上岗标志，仪容仪表要符合职业要求，发型和佩戴的饰物要符合景区的要求。女讲解员一般以淡妆为宜，给旅游者留下良好的第一印象，有利于讲解的持续进行。如果景区有着装要求，则应按照要求穿着景区制服。

（二）讲解资料与讲解设备

讲解员应事先准备好导游图册和相关资料，准备好讲解的工具或器材，如无线传输讲解设备。

子项目二　接待、讲解和送客服务

项目任务 B

布置任务：

1. 小组各选出一名学员，以景点讲解员的身份进行自我介绍，介绍周边的景观，进行现场模拟讲解。

2. 小组自评，各组互评。

3. 计调经理点评。

一、致欢迎词

当旅游团（旅游者）抵达后，讲解员应在景区景点门口迎接，向他们致欢迎词，代表景区景点的工作人员欢迎旅游者的到来。欢迎词的内容可以是自我介绍、表达愿意为大家服务的心情、希望旅游者对自己的工作给予配合和支持、欢迎旅游者多提宝贵意见等，最后预祝旅游者旅途愉快。

二、景点讲解

讲解员在带领旅游者参观游览前，要对景区景点的基本情况进行介绍，包括景区景点的历史背景、空间布局、所在地理位置等。另外，讲解员还要向旅游者交代在景区景点停留的时间、游览的线路、参观结束后的集合地点、景区的有关规定和注意事项等。

讲解员在带领旅游者参观游览时，对不同类型的旅游者，讲解内容要有所侧重、有所取舍，并耐心地回答旅游者的问题。同时，讲解员要结合有关景物或展品，适时地宣传环境保护、文物保护等知识。

三、送客服务

参观游览结束后，讲解员向旅游者致欢送词，感谢旅游者在参观游览过程中给予的支持和配合，向他们征询意见和建议，并欢迎他们再次光临。如果景区备有宣传资料或小纪念品之类的物品，可以赠送给旅游者留念，和旅游者热情地道别。

思考题

1. 什么是景区景点导游服务？
2. 景区景点导游服务的程序是什么？

课后实训

策划一场景区景点导游大赛，景点由学员自选，可以聘请院校旅游专业的教师、旅行社导游或计调经理担任评委，以下面的表4－1的评分标准为依据，评委根据学员的表现点评、打分。通过举办景区景点导游大赛来考查学员对本项目的掌握程度。

表 4－1　景区景点导游大赛项目评分标准

评分标准	讲解内容全面，条理清晰，详略得当，重点突出；讲解方法运用得当；讲解生动、有感染力；回答问题准确、熟练。	普通话标准，语速适中；用词准确、恰当、有分寸；内容有条理，符合逻辑；表情及其他身体语言运用得当。	熟记并能正确运用景区景点导游服务规范，景区景点导游服务程序正确、完整。	在有压力的情况下，思维敏捷、情绪稳定，考虑问题周到；能够妥善、及时地处理突发事件和问题。	穿着打扮得体、整洁；言行举止大方，符合导游人员的仪容仪表规范。
满分	30	25	20	20	5
教师评分（占 50%）					
企业资深导游或计调经理评分(占50%)					
总分					

项目五　地陪服务

学习目标

知识目标：

1. 熟悉接待计划的内容。

2. 掌握地陪的接团程序。

能力目标：

1. 能够作为地陪在本地的某个景点带一日游团队。

2. 能够处理游客的各种问题。

素质目标：

1. 培养学员严谨的工作态度。

2. 掌握克服紧张心理的方法。

重点难点

重点：地陪服务准备的内容。

难点：认真阅读接待计划，为接团做好各项准备工作。

引导案例

国庆期间导游带团全攻略

在“十一”和“春节”这种法定长假带团，可以看到景点内人头攒动，餐厅里人满为患的景象，如何在这种情况下，把一个团队顺利地带完、带好，这是所有导游都应该思考的一个问题。下面我们就抛砖引玉，给大家分享一下“十一”假期导游带团的要点。

出团前

1. 根据这段时间带团的特点，从团队操作、讲解、处理问题等各方面做好相应的准备和安排。

2. 熟悉团队计划内容，第一时间确认相关事项，包括团队用车、团队用餐、酒店入住等。

3. 对假期会出现的一些常见状况预先安排，并对可能发生的一些常见状况做好预案。

带团中

1. 讲解时一定要做好说明工作，向游客充分地说明假期出游可能会出现的情况和问题，让游客有充分的心理准备。

2. 用餐：

(1)尽量避开用餐高峰，和游客协商最好在上午11点前或者是下午1点半以后用餐。

(2)尽量避免在餐厅出现排队等位的情况。可以提前与餐厅确认是否有位置，当得到餐厅的确认之后再安排游客去用餐。

(3)如果真的遇到排队等位的情况，可以先让游客在车上等候，导游在前台协调，有用餐位置后，再让游客下车，以免游客因为用餐位置的问题感到不悦。

3. 入住酒店：

(1)尽早和酒店确认好入住的房间号码，并在到达酒店之前安排好房间，以便游客快速、顺利地入住。

(2)如果发现酒店大堂人满为患，可以先安排游客在车上等待，导游到酒店前台拿到钥匙(房卡)之后，先到车上给游客分发钥匙(房卡)。

(3)游客入住之后，导游快速巡房，发现问题马上联系酒店客房服务人员及时处理。

4. 用车：

(1)导游与驾驶员协商并合理安排行程。

(2)导游不要与驾驶员发生矛盾，如驾驶员不配合工作或者与驾驶员产生矛盾，导游要第一时间与旅行社车控计调联系。

5. 景区游览：

(1)需要预约门票的景点，尽量提前预约景点门票。

(2)合理安排团队行程和叫早时间，尽量避开景区的人流高峰期。

6. 购物：

(1)节假日期间，购物场所通常也是人满为患，要提前与商店联系，尽量避开人流高峰期。

(2)进店前，预先和游客解释情况，告知旺季有可能需要排队。

(3)一定要和游客约好集合的时间和地点，以免耽误后续的行程。

7. 在娱乐场所活动要特别强调人身财产的安全。

8. 如遇到导游无法处理的问题，应及时联络旅行社计调，根据情况进行处理。

(本案例节选于导游之家，2019 年 9 月 30 日)

节假日期间，游客较多，交通、住宿、用餐、购物、景区游览等方面都会比较紧张，因此导游需要提前做好安排，避免忙中出错。假如你作为地陪，即将在“十一黄金周”带领一个两日游的团队，根据项目任务完成相应的准备工作并带领团队。

表 5－1 导游出团通知书

<table>
<tr><td rowspan="2">导游出团通知书</td><td>制单：</td><td>电传：</td></tr>
<tr><td>导游：</td><td>手机：</td></tr>
<tr><td colspan="3">现某地××旅行社有一团队，团号为________，人数________人，旅游线路为________游览________天，特委派________(姓名)来接待该团，团队性质(□散客拼团 □独立团队 □可散拼团队 □港澳台游客 □其他语种游客)，请认真阅读导游出团通知书，遵守公司的规章制度，注意行为规范，维护公司的声誉。</td></tr>
<tr><td colspan="3">接团：_____月_____日_____时，在出口处举“_____”旗或举游客姓名_____接团。
送团：_____月_____日_____时，将游客提前一小时送抵_____，送机时请协助游客办理登机手续/送站时将游客送到指定候车厅。</td></tr>
</table>

续表

接团提示 □请在牡丹江机场出口处举旗候客 □请在牡丹江火车站南出口处举旗候客 □请在牡丹江火车站北出口处举旗候客 □请在______________	送团提示 □将游客送到牡丹江机场国内出发厅大屏幕下 □将游客送到机场候机厅办理登机手续 □将游客送到牡丹江火车站指定车次候车大厅 □将游客送到______________
酒店 酒店名称________入住日期______ 电话________联系人______ 所处位置______ 早餐方式(□桌餐 □自助餐 □不含餐) 餐标______元 付款方式(□前台现付 □挂账)	其他 ______月______日入住位于________酒店 共______天 总机________联系人______手机________ 付款方式(□前台现付 □挂账)
公司签单餐厅 ________联系______特色________	公司指定商场 ________联系______
公司签单景点(在团队售票处签单) ①镜泊湖 ②火山口地下森林 ③渤海国遗址 ④威虎山影视城 ⑤其他	特别提示 ①接团时仔细核对行程、人数、用餐标准、景点、接站车次/船次/航班、组团社,并提前30分钟到达接团地点。 ②送团时必须核实返程车票/船票/机票的班次、时间,按要求将游客提前送达,代收余款必须提前收齐。

表5-2 导游接团计划

牡丹江××旅行社 导游接团计划	
团号:×××× 人数:24+1人	全陪及联系电话:李某,×××××××××××

续表

行程			
10月4日	从哈尔滨西站到牡丹江的24人旅游团，乘××××次高铁(12:45—14:55)，到牡丹江火车站接团后，入住××酒店，在酒店休整半小时后，乘车参观八女投江纪念群雕，晚餐后入住酒店。	晚餐	××酒店
10月5日	用过早餐后，乘车赴镜泊湖，约90分钟到达，游览中国最大、世界第二大的高山堰塞湖——镜泊湖(景区须乘坐观光车进入，需游客自行购买观光车票，12元/人)，游览我国三大瀑布之一的吊水楼瀑布(约30分钟)。赴镜泊湖码头，可自费乘船(100元/人)，游览湖上秀美风光，乘车返回牡丹江，午餐后乘××××次高铁(15:16—17:20)返回哈尔滨。	午餐	无

费用支出：导游带团款伍仟元整

日期	类别	名称	金额	说明
10月4日	晚餐	××饭店	1050	350×3=1050，每桌十菜一汤
10月5日	镜泊湖门票	21全1半2免	2150	100×21+50×1=2150
	电瓶车、游湖	游客自理	—	游客自理
	午餐	××饭店	1050	350×3=1050，每桌十菜一汤
合计			4250	住宿费用由旅行社与酒店另行结算。

备注	返程票	联系方式
导游意见反馈单签好后带回，所有发生的费用一定要让全陪签字。	已出	地陪王某：××××× 司机赵某：×××××

内部说明：所有发票回社里报销　发票抬头：牡丹江××旅行社

旅行社24小时联系电话：×××××

根据表5-1和表5-2，完成项目任务A、B和C。

子项目一　接团服务准备

项目任务 A

布置任务：

1. 从哈尔滨到牡丹江的 24 人旅游团，乘××××次高铁（12:45—14:55）到达牡丹江火车站，行程 2 天，牡丹江××旅行社承担此次地接任务，地接社委派你负责此次接团任务。带团模拟：

（1）迎接旅游团队，清点实到人数。

（2）向游客致欢迎词。

（3）首次沿途导游。

各组抽签决定旅游团类型（老年团、教师团、儿童团、医生团、女性团）。

2. 小组自评，各组互评。

3. 计调经理点评，并为各小组模拟带团情况评分，迎接服务评分表见表 5－3。

表 5－3　迎接服务评分表

组别：　　　　　　　　姓名：　　　　　　　　时间：

评价项目与内容	分值	小组自评分（占 30%）	各组互评分（占 30%）	教师评分（占 40%）	得分
开车前的清点工作	10				
致欢迎词	20				
简要介绍旅游行程	20				

续表

评价项目与内容	分值	小组自评分（占30%）	各组互评分（占30%）	教师评分（占40%）	得分
城市概况介绍	10				
沿途风光介绍	10				
下榻酒店介绍	10				
实训心得	10				
回答问题	10				

一、业务准备

（一）熟悉接待计划

接待计划是组团社委托地接社落实各项旅游活动的契约性安排，是地陪了解旅游团的基本情况和安排活动日程的主要依据。地陪在接到任务后，要了解旅游团的情况、服务项目和要求，主要包括以下内容：

1. 旅游团概况。组团社名称、全陪姓名和电话等。

2. 旅游团成员情况。人数、姓名、性别、年龄、职业、宗教信仰、饮食有无特殊要求等。

3. 旅游线路和交通工具。了解旅游团的全程线路，抵达和离开本地所乘坐的交通工具等。

4. 交通票据情况。有无返程票，是否已按计划订妥，有无更改等。

5. 特殊要求和注意事项。旅游团在用车、用餐、住宿、游览等方面有无特殊要求，老人、儿童、残疾人士、军人、学生等的票价按景区规定执行。

（二）落实接待事宜

1. 核对日程安排表。地陪应认真核实日程表的时间、游览项目、就餐地点和住宿地点等各项内容，如发现与组团社的计划有出入，应立即与计调联系，问清楚情况后修改日程安排表。

2. 落实旅游车辆。地陪根据旅行社提供的司机联系方式联系司机，确认旅游车辆的车型、颜色、车牌号、有无行李舱，确定接站的时间、地点，告知司机此次行程的活动安排。

3. 落实用餐和住宿。地陪联系用餐的餐厅，确认带团这几天的用餐情况，包括用餐标准、用餐人数、用餐时间和特殊要求，联系住宿的酒店，确认房间类型、数量，熟悉酒店的位置、服务项目等。

4. 了解景点的情况。地陪要事先了解、熟悉景区的各项信息，如景区的开放时间和关闭时间、最佳的游览路线、卫生间的位置、景观特色和景区规定等，熟悉导游词，做好讲解的相关准备，保证旅游活动的顺利进行。

5. 掌握相关电话。地陪在带团的过程中要与多个部门打交道，务必记好旅行社各部门、全陪、领队、司机、酒店、餐厅、娱乐场所、购物商店、景区相关部门等的电话号码。

6. 联系全陪。地陪要提前与全陪联系，确定接团的时间、地点。

二、物质准备

1. 工作上的物质准备。准备好导游证、身份证、导游旗、腰麦或无线导游讲解器、接站牌、团款、笔、记事本和各种结算单等。

2. 生活上的物质准备。准备好换洗的衣物、雨伞、帽子、太阳镜、手机、充电器、充电宝、纸巾、药品等生活用品。

三、形象准备

地陪要注意自己的外在形象，良好的外在形象会给游客留下很好的第一印象，要表现出自己良好的仪容仪表、精神状态。地陪要与游客相处几天甚至一周的时间，要时刻注意自己的穿着打扮，不要浓妆艳抹，导游证要佩戴在胸前位置。

四、心理准备

地陪在接团过程中，可能会遇到问题或突发事故，要有面对复杂工作情况的心理准备。虽然地陪已经竭尽全力地为游客提供热情的服务，但仍然可能有部分游客会挑剔、抱怨，甚至投诉，因此地陪要有心理准备。

新导游可能因为接团经验不足，难免会有紧张情绪，这就需要新导游在接团前做好准备，多加练习、放松心情、调节情绪，克服紧张心理，保证自己有一个轻松愉快的心情去带旅游团队。

子项目二　迎接服务

迎接服务在地陪的服务工作中至关重要，其服务的好坏直接影响到后续接待工作的质量。因此，为保证迎接服务的顺利进行，地陪应在旅游团抵达前做好迎接服务的各项准备和安排。

一、旅游团抵达前的服务安排

（一）确认旅游团所乘交通工具抵达的准确时间

地陪出发前，确认旅游团所乘交通工具到达的准确时间。

（二）联系旅游车司机

出发前，地陪再次与司机确认接团的时间、地点和停车位置，最好让司机提前半小时到达指定地点。

（三）再次核实旅游团抵达的准确时间

地陪到达机场、车站或者码头后，要再次核实该团到达的准确时间。

（四）迎候旅游团

地陪拿出事先准备好的接站牌，接站牌上至少应写明客源地、领队或者全陪的姓名，无全陪的旅游团要写上游客的名字。

二、旅游团抵达后的服务

地陪做好各项准备工作后，就要耐心等待旅游团到站，做好后续的接团工作。

（一）认找旅游团

认找旅游团时，地陪应该站在明显的位置手举接站牌、导游旗，以便领队、全陪或游客能够看见自己。地陪可以将自己接团的全身照片提前发给旅游团的领队或全陪，方便旅游团认找自己。接到旅游团后，地陪应及时与领队、全陪或者游客接洽，问清楚该团的客源地、组团社名称、全陪姓名、游客姓名等。

（二）核实实到人数

地陪与领队或全陪核实实到人数，如果出现实到人数与计划人数不符的情况，地陪要及时通知地接社的有关部门，对人数的变化情况进行核实，以便做出相应的调整。

（三）集合登车

地陪带领游客前往乘车处，提醒游客检查行李是否完好无损，与领队或全陪共同清点行李，清点无误后，协助司机将行李放入旅游车行李舱。游客上车时，地陪和司机要站在车门两旁，协助或搀扶行动不便的游客上车，将手提行李放在行李架上，游客坐稳并系好安全带，地陪清点完人数后请司机开车。

小知识 5 - 1

清点人数小技巧

1. 协助法：请领队或全陪帮助清点人数。

2. 默数法：心中默数查人数。

3. 数空法：清点一下座位的空位数，以确定实际人数。

4. 逆行法：在车厢内从车前走到车后，方向正好与游客相反，向每个游客微笑示意，既表示友好，又达到清点人数的目的。

5. 检票法：游客上车之前，导游站在车前迎候、帮扶游客的同时清点人数，类似于检票。

注意：禁止用手指边点边数游客，这是很不礼貌的行为。

三、赴饭店途中的服务

地陪带领旅游团离开接站地点前往下榻饭店的途中，是地陪给游客留下良好印象的重要环节，地陪要利用好去饭店的这段时间。

（一）致欢迎词

欢迎词的主要内容包括：

1. 地陪代表地接社向游客表示欢迎，做一下简短的自我介绍，介绍司机，让游客记录自己的手机号码或添加微信好友。

2. 表示能为大家提供服务，自己非常荣幸。

3. 预祝游客旅游愉快等。

欢迎词的内容应该根据游客的年龄、文化水平、职业、客源地、天气情况等因素进行适当调整，用词应给人以亲切之感。地陪在大巴车内讲解时应一手扶着车内把手，一手持麦克风，要注意安全。

致欢迎词是地陪在游客面前的第一次正式亮相，是向游客展示自己的好机会，应该利用这个机会与游客建立信任，向游客展示导游的风采。一些导游会用一些名篇、名句作为开场白，也有一些导游以自己的名字作为切入点，让游客逐渐认识自己。比如，一位叫刘承乙的导游的开场白："游客朋友们大家好，我叫刘承乙，是大家本次旅行的导游，大家可以叫我小乙。每次我这样做自我介绍的时候，总有游客问我，你是蚂蚁的'蚁'，还是已经的'已'？其实我是甲乙丙丁的'乙'。我的名字是我妈妈给我取的。跟大家透露一下，我的妈妈也是一位导游，耳濡目染，我也从事了导游这个职业。接下来我为大家介绍一位重要人物——司机张师傅。他驾驶技术娴熟，大家可以放心。游客朋友们，今明两天将由我和张师傅竭诚为大家服务，希望大家玩得开心,游得尽兴!”这一段开场白,导游从自己的名字入手,又提到了司机师傅,车内的氛围立刻变得轻松愉悦。

小知识5－2

欢迎词类型

1. 规范式

尊敬的各位游客,欢迎来到“塞北江南”——牡丹江,我是您本次牡丹江之行的导游员,我叫王××,大家可以叫我小王。为我们开车的是司机刘师傅。他已经有二十多年的驾龄了,驾驶技术十分娴熟,坐他的车您尽管放心,请记住我们的车牌号为××××。在未来的几天里,将由我和刘师傅为大家服务,如果您有什么需要,尽管提出来,我们会尽量满足大家的要求,衷心希望各位朋友在牡丹江玩得开心,游得尽兴。

2. 聊天式

大家好!我先了解一下,大家是一个单位的吗?(回答:是的)哦,这就好,那么大家早就认识了。我叫赵××,是××旅行社委派的专职导游员。请问在座的各位谁是领导?哦,您是领导,不过在游览期间大家应该听我的,我暂时是“领导”,哈哈,开个玩笑,下面为各位介绍一下本次行程的司机艾师傅。他为人忠厚老实,驾车技术娴熟,经验丰富,有他在大家尽管放心。

3. 抒情式

各位朋友,欢迎您的到来。穿越山西南北,粗犷的黄土高坡向我们展示出一幅尘封的历史画卷。太行山的傲岸、吕梁山的淳朴、恒山的豪放、五台山的宏大,这里包含着历史沧桑,这里独特的文化气息将会让您度过一个愉快而又充实的阳光假期。

(二)调整时间

如果接待的是入境旅游团队,地陪在致欢迎词后,要介绍两国的时差,请游客将时间调至北京时间。

(三)首次沿途导游

地陪进行首次沿途导游是展示自己精神面貌、知识才学、扎实技能的好机会,也是树立良好形象,使游客对自己产生信任和满足感的重要环节。因此,地陪必须做好首次沿途导游工作。

1. 风光导游

风光导游要根据沿途遇到的景物来讲解,讲解的内容要与所见的景物同步,还要根据游客的兴趣点随时调整讲解内容。所以,风光导游贵在灵活,导游要把握好讲解节奏和讲解时机。

2. 风情介绍

地陪要介绍当地概况,包括人口、面积、所处地理位置、交通、气候、文化传统和民族风情等。可以介绍与当地相关的其他地方的概况,拓展风情介绍的内容。

3. 介绍下榻的饭店

地陪要向游客介绍下榻饭店的基本情况,包括饭店的名称、所处的位置、星级、规模、设施和主要特色等。除此之外,还要简单地告知游客办理饭店入住手续的程序、入住饭店的相关注意事项等。根据去饭店的时间长短酌情介绍饭店情况,如入住后先检查备品是否齐全、饭店房间有无自费消费品等。

4. 宣布集合的时间和地点

下车前,地陪向游客交代清楚集合的时间、地点和旅游车的车牌号码。

子项目三　入店服务

项目任务 B

布置任务:

1. 从哈尔滨到牡丹江的 24 人旅游团,已到达牡丹江××酒店,地陪为游客提供入店服务,具体模拟:

(1)办理住店手续。

(2)简要介绍饭店的设施。

(3)宣布当日和次日的行程安排。

(4)带领团队用餐。

(5)帮助游客搬行李,入住饭店。

(6)安排好叫早服务。

各组抽签决定旅游团类型(老年团、教师团、儿童团、医生团、女性团)。

2. 小组自评,各组互评。

3. 计调经理点评。

地陪提前通知游客准备好身份证,到达饭店后尽快办理好入住手续,协助游客搬行李进房,向游客交代好当日和次日的活动安排。具体流程如下:

1. 协助领队或全陪办理入住登记手续,因领队或全陪对全团游客的情况比较熟悉,可以请他们分发房卡,并让他们告知自己的房间号,以方便联系。

2. 向全团介绍饭店的用餐地点、娱乐设施的位置等。

3. 向全团宣布当日和次日的活动安排,告知集合的时间和地点并提前通知司机。

4. 核对行李件数并协助游客搬行李进房。

5. 通知游客第二天的叫早时间。

子项目四　核对、商定日程

旅游团开始行程之前,地陪应与领队或全陪核对、商定本地行程。领队或全陪代表的是组团社和游客的利益,有权审定活动计划,对计划提出修改意见。

如果游客手中的行程表与地陪的接待计划有出入，地陪应及时向地接社有关部门反映，查明原因，分清责任，若是地接社的责任，地陪应向领队或全陪说明情况，向游客说明情况并致歉。

如果领队或全陪以及游客对活动日程安排提出修改意见，或要求增加新的游览项目，地陪应及时报告地接社的有关部门，对合理且可能的项目尽量安排；对超出接待规格，需要另外收费的项目，要事先向领队或全陪和游客说明，按规定收取费用；对确有困难无法满足的要求，应向领队或全陪和游客说明原因并耐心解释。

子项目五　参观游览服务

项目任务 C

布置任务：

1. 教师提前布置实训任务，让学员做好个人才艺展示的准备，模拟旅游途中在车厢里开展活动、活跃气氛的情景，减少游客因长途旅行产生的烦闷感。每组依次选出代表担当地陪，由地陪现场组织娱乐活动。在时间允许的情况下，每组可选出多个代表进行情景模拟。

要求：尊重游客，尊重民族习惯、宗教信仰，杜绝低俗幽默，选择健康、有意义的活动内容。

2. 小组自评，各组互评。

3. 计调经理点评。才艺评分表见表 5 – 4。点评后，可以带学员一起玩几个适合在车厢内玩的小游戏，如动物园、水果园等（动物园即每人说一种动物，不能重复，全部轮完一圈后再从头开始，重复的或者三秒内说不出的游客表演节目；水果园同理，每人说一种水果）。

表5-4　才艺评分表

组别：　　　　　　　　姓名：　　　　　　　　时间：

评分项目	评定内容	分值	小组自评分（占30%）	各组互评分（占30%）	教师评分（占40%）	得分
形象	选手的外形、衣着装扮是否符合主题和节目要求。	20				
现场表现	现场表演是否符合所选节目的主题要求，现场发挥及感染力如何。节目内容是否健康向上，题材是否新颖，是否有时代感，是否与导游工作性质贴近。	30				
专业素养	音乐类：音准、节奏感，演唱方法的运用情况等。 舞蹈类：协调性、柔韧性，基本技巧的运用情况等。 其他表演类：语言运用情况，专业素质的展现情况等。	50				
备注	游戏时间可以略长（10分钟以内），其他活动的时间为3～5分钟。					

参观游览服务是导游工作的核心环节，地陪应该保证旅游者的生命财产安全，认真准备，精心安排游览服务。

一、出发前的服务

出发前，地陪应准备好导游证，提醒司机提前做好相关准备工作，至少提前10分钟到达集合地点。

（一）核实实到人数

地陪如果发现有游客未到，要迅速查明原因，及时找到未到游客。若有游客身体不适，无法随团活动，地陪要请游客填写离团协议，妥善做好安排并交代饭店有关部门的工作人员妥善安置游客。

（二）提醒注意事项

地陪要和游客说明当天的天气情况、游览的路线、游览的时间长短，询问游客是否晕车并做好相应的预防准备，做好防晒措施，带好身份证件、外套、雨具等。

（三）准时集合登车

早餐时，地陪再次提醒游客集合的时间和地点。游客到达指定地点后，地陪安排游客上车，在车旁搀扶行动不便的游客，上车后清点人数。

二、抵达景点前的服务

（一）重申当天活动安排

出发后，地陪要重申当天的活动安排，要去哪些景点，到达景点的时间，享用午餐和晚餐的地点等。

（二）风光导游

去往景点途中，地陪向游客介绍沿途风光、风土人情，解答游客的问题。

（三）介绍景点

抵达景点前，地陪简要介绍景点的情况，如历史价值、景点特色等。地陪要满足游客的求知心理，激发游客的游览欲望，这样做也可以节省在景点的讲解时间。

（四）活跃气氛

如果抵达景点前的路途较长，地陪可以组织一些娱乐活动活跃一下气氛，也可以和游客讨论他们感兴趣的话题。活跃气氛的方式有很多种，如地陪可以抛砖引玉先唱一首歌，或者朗诵一首诗，玩游戏的话，可以让更多的游客参与进来。

导游表演才艺时，表演内容应健康、积极并与导游职业的风格相符，这样可以收到更好的效果，如某导游带领呼伦贝尔大草原的团队时，准备了吉他弹唱，情景设计如下：

游客朋友们大家好，欢迎大家来到美丽的大草原！围坐在广阔的草原上，看着遍地的牛羊，听着蒙古包里人们的欢声笑语，看着远处的小伙子骑马驰骋，这样的生活是多么美好啊，接下来我为大家弹唱一首《乌兰巴托的夜》，让我们一起赏夕阳，一起等月明好不好?!

小知识 5 - 3

适合在车厢玩的小游戏

1. 我爱记歌词

导游以车厢过道为界，将游客分为左右两组，用手机放一些脍炙人口的歌曲，随机按暂停键，让游客接歌词，率先接上歌词且歌词都对的组获胜，另一组的游客表演一个节目。没接上歌词的这一组游客表演结束后，再继续下一轮，游客兴致高的话游戏可以持续很长时间。

2. 击鼓传花

这个游戏在中国流传很广，很多人从小就玩过，此游戏特别适合在车厢里玩，导游可以利用手边的矿泉水瓶等物品作为游客传递的“花”。导游转过身去，喊开始后，再随机喊停，东西传到谁那里，就由他来表演节目。

3. 成语接龙

导游以车厢过道为界，将游客分为左右两组 ，由导游先说出一个成语，然后两组游客开始抢接成语，自己接的这个成语的第一个字，是导游所说成语的最后一个字，即“首尾相接” ，可以是同音字，也可以是谐音字，如战战兢兢—惊天动地—地动山摇—……，这个游戏可以多人参与，很适合活跃气氛。

三、抵达景点后的服务

(一)游览前的说明

正式游览之前,地陪要向游客说明景点注意事项,提醒游客保管好随身物品,紧跟旅游团,记好旅游车的车牌号、停放位置和集合登车时间等。地陪要向游客讲清楚目前所在的位置、游览线路、大概的游览时间、集合的时间和地点。

(二)导游讲解

景点的讲解内容要繁简适度,主要讲解景点的历史背景、景点特色、文化价值等,讲解的语言要生动活泼。地陪要在计划的游览时间和费用范围内,做到讲解和游览相结合。

(三)注意游客动向

在游览过程中,地陪要始终与游客一起活动,时刻留意游客动向,防止游客走失,与全陪配合随时清点人数,确保游客的安全,防止发生意外。

四、参观活动

旅游团的参观活动一般都是提前安排好的,如参观本地的示范农场,一般由接待方负责介绍,引导游客参观,地陪只需陪同。如果参观时需要地陪进行翻译,地陪要提前做好准备,现场翻译要准确无误,如涉及有价值的经济情报,地陪要严格把关,提醒接待方。

五、返程中的服务

返程中,地陪应回顾当天参观游览的内容,对游客感兴趣的地方进行补充讲解,回答游客的问题。当旅游车不是按原路返回时,地陪对游客进行回程途中的风光导游。

下车前,地陪向游客说明当晚和次日的活动安排,提醒游客带好物品。

子项目六　其他服务

一、餐饮服务

地陪要提前落实好游客当日的餐食，酒店一般含早餐，午餐和晚餐的时间、地点、人数和标准等要逐一确认。用餐时，地陪引导游客落座，介绍餐厅的饭菜特色，期间巡视旅游团用餐情况一到两次，解答游客在用餐过程中提出的问题，监督餐厅是否按要求提供餐饮服务，随后与全陪、司机在指定地点用司陪餐。用餐结束后，地陪负责结账（签单或者现付），询问游客对餐食和用餐环境是否满意，如有意见可反馈给餐厅。

二、购物服务

地陪应该按照活动日程安排购物，向游客说明停留时间和注意事项，带领游客到旅游定点商店购物。地陪不要安排过多的购物活动，不能强迫游客购物，可以向游客介绍本地特色商品，当好游客的购物参谋，维护游客的利益。商品如果价格高、质量差，地陪可以向商店负责人反映情况。游客要求托运的商品，地陪要介绍托运手续并协助游客办理托运手续。

三、娱乐服务

地陪要陪同游客前往计划内的文娱场所，提前与司机商定好出发时间、行车路线和停车位置。到达指定地点后，地陪引导游客入座，向游客介绍剧场的有关设施和节目的内容，注意游客的动向和周围的环境，保证游客的安全，提醒游客不要分散活动。

四、计划外服务

地陪按照旅游合同提供各项服务的过程中，有的游客可能会提出一些计划外的要求，如提出在原行程的基础上再增加游览其他知名景点。此时，地陪应征求其他游客的意见，并将此情况报告旅行社，根据情况决定是否满足游客的要求。如果其他游客均同意游览行程以外的景点，地陪要告知游客额外增加的各项费用由游客自己承担，并签订自费确认单，如表 5－5 所示。

表 5－5　自费确认单

自费确认单 根据《中华人民共和国旅游法》的相关规定，您拥有自由选择各项自费活动的权利。如果您欲参加行程之外的自费项目，请您认真听清楚导游的介绍，明确各个项目的内容、价格和注意事项，以自愿为前提，愉快、理智地选择消费。自费项目一经确认后若再取消，一些商家会收取退订违约金。为避免经济损失和争议，也避免导游做不正当推销，更为了确保旅游服务的质量，兼顾游客权益，烦请您签字确认，以示自愿参加自费活动！不便之处，敬请谅解！谢谢！ 本人自愿参加于　　年　　月　　日由导游/领队姓名　　　组织的　团段自费项目。 自费项目名称及价格如下： 名称：　　　　价格： 名称：　　　　价格： 时间：　　　　游客签字：

子项目七　送站服务

一、送行前的准备工作

（一）核实交通票据

核实和确认游客离站的交通票据的数量、时间、班次（车次、船次、航班）等是否与计划相符。对于离境的旅游团，要提醒和协助领队提前 72 小时确认机票。如果班次（车次、船次、航班）发生变更，要及时通知下一站接待社，以免发生漏接。

（二）商定出发时间

地陪要提前与司机商量出发时间，还应及时与领队或全陪商议，确定出发时间后通知游客。国际航班应提前三小时将游客送达机场，国内航班应提前两小时将游客送达机场，火车应提前一小时将游客送达火车站。

小知识 5－4

国际航班一般提前 3 小时到达机场候机比较适宜

1. 提前 3 小时到达机场候机的原因

（1）登机时间不是起飞前的几分钟，如果按照飞机起飞的时间到达登机口，很可能会登不上飞机，因为飞机关舱门时间是起飞前 15 分钟，而登机时间通常是起飞前 40～45 分钟。

（2）国际航班的手续比国内航班要麻烦很多，提前 3 小时到达机场候机，在心理上也会很有安全感，可以从容地去办理行李托运、过安检、找到登机口。

2. 特殊情况

（1）需要提前更多时间到达机场候机：

①从国外准备回国，购买了很多需要在机场退税的商品，要留出排队的时间，所以需要更提前到达机场候机。

②如果去机场的路况时常拥堵或者正在施工，更要提前出发。

（2）可以不用提前 3 小时到达机场候机的情况：

①已经在一些线上 APP 上办理完值机。

②不需要托运行李。

③旅游淡季或很冷门的旅游地点，平时游客就很少，如凌晨的红眼航班。

④对机场特别熟悉，不用刻意去寻找，能顺畅地办好一切手续。

（三）商定叫早时间和早餐时间

地陪与领队或全陪商定好叫早时间和早餐时间后，提前通知饭店工作人员和游客。如果旅游团是早班飞机（火车、轮船），要提前准备，比如事先打包好餐盒或者准备盒饭。

（四）协助游客结清与饭店有关的费用

为了节省时间，顺利地离开饭店，地陪应及时提醒游客尽早结清与饭店的有关费用，如游客在客房内打国际长途、享受客房送餐服务、洗衣费、房间酒水和小食品的消费。如果游客损坏了客房内的物品，地陪应协助游客和饭店处理好赔偿事宜。

（五）归还证件

地陪在工作期间，为游客购买门票、安排住宿，都需要游客提供相应的证件，如身份证、老年证、残疾证和军官证等。每天收发证件比较麻烦，很多地陪选择在当地游览期间代游客保管证件，但在离站前一定记得将证件归还游客，并当面确认。

二、离店服务

（一）确认行李

出发前，游客确认好自己的行李，地陪与领队或全陪共同清点游客的行李，如果停车方便，也可以直接将行李放入旅游车的行李舱内。

（二）办理退房手续

旅游团离开饭店前，将房卡统一交到前台，饭店工作人员查房无误后，地陪办理结账手续（签单或付现）。一般酒店要求在中午 12:00 以前办理退房手续，延时则需要另补房费，但近年来很多饭店因为很多游客有午休的习惯，饭店为了提供更人性化的服务将退房时间延迟到 14:00。

（三）集合登车

集合登车后，地陪要清点实到人数，提醒游客有无遗落物品，确认无误后，请司机开车带团离开酒店。

三、送行服务

(一)致欢送词

旅游团在离开本地之前,地陪应向游客致欢送词,感谢游客对导游工作的配合,感情要真挚。欢送词的主要内容包括:

1. 回顾旅游团在本地的旅游活动,感谢游客对导游工作的支持和配合。

2. 表达对游客的不舍之情。

3. 诚恳地征求游客对旅游服务工作的意见和建议。

4. 对旅游期间出现的不尽如人意的地方,向游客表示歉意。

5. 对游客表达美好的祝愿,预祝游客在接下来的旅程中顺利、平安。

(二)提前到达机场、车站、码头

地陪必须按要求提前将游客送达机场、车站、码头,为游客留出充裕的等候时间,下车前提醒游客带好全部行李和物品。安排游客下车后,地陪和司机检查有无物品遗忘在车内。

(三)办理离站手续

如果游客是乘坐飞机离开,地陪要预先告知游客登机的注意事项,如自用的液体洗浴用品和化妆品每种超过100ml必须托运,不能携带危险品(打火机和刀具等),充电宝不可托运等。

1. 国内航班的离站手续

(1)地陪协助旅游团找到所乘坐航班的值机柜台,游客出示身份证,工作人员会为其办理登机手续。

(2)如游客对座位有要求,在办理登机手续时将座位位置告诉值机人员,他们会尽量为游客安排想要的座位,同时直接办理行李托运。

(3)拿到登机牌后,地陪将游客引领到安检处,就可以和游客道别了,接下来由全陪带领游客到安检处办理安检手续。

(4)安检过关后,根据登机牌上标明的候机区域,快速找到相应位置,等待登机。

目前,国内很多机场都可以自助值机,自选座位,输入身份证号就可以拿到登机牌,地陪可以协助游客办理。另外,一些手机 APP 也可以提前选座值机。自助值机主要是针对没有行李托运需求的旅客,有行李托运需求的旅客还是要到值机柜台办理托运的。

2. 国际航班的离站手续

(1)地陪带领游客到值机柜台,游客出示护照,护照上必须有合法签证,办理登机牌、行李托运,注意行李不要超重。

(2)地陪将游客引领到海关排队,就可以和游客道别了,接下来由领队协助游客。游客准备好护照、签证和登机牌,准备过海关。

(3)海关的安检比较严格,手提行李限制携带液体的体积,禁止携带危险的尖锐物品和易爆物品。

(4)过安检门(可能会有人工安检)。

(5)按指示找到登机口,等待登机。

国际航班比国内航班多了过海关这一环节,海关的工作人员会检查登机牌、护照和签证,看本人和证件是否相符(有的海关会拍照),如果没有问题会在护照上盖章。

四、结清司机费用

送走旅游团后,一般来说,都是旅行社直接与司机结账。如果旅行社计调交代车费由地陪来给司机结算,在双方钱款当面点清后,地陪与司机应在用车单据上签字并保留好单据。

子项目八　后续工作

一、处理遗留问题

下团后,地陪应妥善处理旅游团的遗留问题,如游客有遗失的物品,代办的事宜，地陪都应按照相关规定办理，必要时请示旅行社领导后再办理。

二、结账

在旅行社规定的时间内，填写好财务结算表格，相应的票据和剩余团款要上交相关工作人员，到财务部门结清账目。

三、总结工作

地陪将导游旗、游客意见反馈单(见表5－6)等上交旅行社。带团过程中如发生重大事故，地陪要形成文字材料向地接社和组团社汇报，旅行社要留存档案。

表5－6　××旅行社游客意见反馈单

尊敬的游客：

您好！欢迎您参加××旅行社组织的______旅游活动，感恩您的参与和在旅游活动中给予我们的支持和理解，为尊重和保护您的权益，同时也为了进一步提升我们的服务，请您在下列表格中对我们所提供的旅游服务给予评价。您的评价或建议我们会非常重视且会给您相应的答复。谢谢您的参与！

评价内容		优秀	较好	一般	很差	备注
导游	服务态度					
	讲解水平					
	业务水平					
全陪	服务态度					
	责任心					
	协调能力					

续表

<table>
<tr><td colspan="2">评价内容</td><td>优秀</td><td>较好</td><td>一般</td><td>很差</td><td>备注</td></tr>
<tr><td rowspan="3">用餐</td><td>餐厅服务</td><td></td><td></td><td></td><td></td><td></td></tr>
<tr><td>餐饮质量</td><td></td><td></td><td></td><td></td><td></td></tr>
<tr><td>餐厅环境、卫生状况</td><td></td><td></td><td></td><td></td><td></td></tr>
<tr><td rowspan="3">住宿</td><td>酒店服务</td><td></td><td></td><td></td><td></td><td></td></tr>
<tr><td>酒店设施</td><td></td><td></td><td></td><td></td><td></td></tr>
<tr><td>酒店环境、卫生状况</td><td></td><td></td><td></td><td></td><td></td></tr>
<tr><td rowspan="3">用车</td><td>司机服务态度</td><td></td><td></td><td></td><td></td><td></td></tr>
<tr><td>车容车况</td><td></td><td></td><td></td><td></td><td></td></tr>
<tr><td>司机技术水平</td><td></td><td></td><td></td><td></td><td></td></tr>
<tr><td>综合评定</td><td colspan="2">满意</td><td colspan="2">较满意</td><td colspan="2">不满意</td></tr>
<tr><td colspan="7">您对本次旅游有何意见和建议：</td></tr>
</table>

导游姓名：　　　全陪姓名：

游客签字：　　　日期：

思考题

1. 简述地陪工作的基本程序。

2. 谈谈新导游应如何克服紧张心理。

课后实训

像制作艺术品一样带团

用心用情服务

“胜任导游工作,靠日常的积累,也靠用心感悟,更要靠发自内心的热爱。”曹震说。

工作第1年带团,他就遇到一件事。他带的团里有一家三口,女儿30多岁,父母70多岁,女儿对父母很体贴,能看出父亲的气色不是很好,但他依然很开心。曹震和女子聊天得知,她从小家里条件不是很好,父母省吃俭用供她上学,吃了一辈子的苦,哪里也没去过。现在自己工作了,生活虽说不上富裕,但每月也有几千元的收入,她就想带着他们出来走一走。父亲刚做完一个大手术,身体状况不是很好,说着说着女子的眼圈红了。这件事对曹震触动很大,他想到了天底下所有的父母。从那时开始,带团时他会格外用心照顾团里的老人。

学无止境

为了更好地提升北京导游的整体素质,在北京导游协会的倡导下,2016年,曹震成立了导游工作室,来帮助更多有志于从事导游工作的年轻人快速成长。工作室成立后,他陆续组织了100多场公益讲座和培训,不断总结优秀导游的成功经验,探索优秀导游成长的规律,发挥了骨干导游的引领示范作用。

“要像制作艺术品一样去带领每个团队,带给游客从未有过的旅游体验。”曹震说。

(本案例节选于《中国旅游报》,2019年10月10日)

根据以上材料,谈一下你从导游曹震身上学到了什么?

项目六 全陪服务

学习目标

知识目标：

1. 掌握全陪服务应具备的基本知识。

2. 掌握全陪服务的程序。

能力目标：

1. 能为游客提供全程陪同服务。

2. 能够配合地陪完成各项工作。

素质目标：

1. 培养学员吃苦耐劳的精神。

2. 培养学员的语言表达能力。

3. 培养学员的沟通协调能力。

重点难点

重点：全陪的接团准备包括哪些内容。

难点：全陪的服务程序。

引导案例

全陪是否应该买船票

某省M市的××旅行社的导游员小王，接待了全陪小赵带领的H省××旅行社组织的22+1人的旅游团队。在游览某景点之前，小王先去售票处购买了22张游湖的船票。上船前，工作人员例行检查全陪小赵的导游证，然而全陪小赵却无法出示导游证。检票人员按规定行事，要求小赵要么出示证件要么花钱买票,但全陪态度坚决,说自己带团这么多年从来就没买过票。双方陷入僵持,耽误了游客的时间。地陪小王看到让全陪买票已没有可能,为了不耽误游客的时间,最后地陪小王掏钱去补了1张船票,游船终于被放行。

(本案例根据作者亲身经历改编)

根据所学知识对以上案例进行分析,全陪是否应该购买船票,为什么?

表6-1　出团通知

<table>
<tr><th colspan="4">鞍山—本溪—丹东6日游出团通知</th></tr>
<tr><td colspan="4">集合时间:2018年8月2日17:00
集合地点:牡丹江火车站内××餐厅门口
必带物品:身份证原件
人数:22+1人
全陪联系方式:王××,×××××××××××</td></tr>
<tr><td>日期</td><td>详细行程</td><td>用餐</td><td>住宿</td></tr>
<tr><td>8.2</td><td>在牡丹江火车站集合,乘坐火车前往沈阳。
车次:××××次(18:13—次日5:45)</td><td>无</td><td>火车</td></tr>
<tr><td>8.3</td><td>早餐后,乘车游览国家5A级旅游景区——千山风景区(电瓶车30元自理)。游览后乘车返回鞍山,入住酒店。</td><td>早餐
午餐
晚餐</td><td>鞍山</td></tr>
<tr><td>8.4</td><td>早餐后,前往本溪,游览本溪水洞,后乘车前往丹东,晚餐后入住酒店。
车次:××××次(15:50—16:45)</td><td>早餐
午餐
晚餐</td><td>丹东</td></tr>
</table>

续表

8.5	早餐后，乘车赴大鹿岛（车程时间1.5小时），乘客船进岛（船程30分钟），参观邓世昌塑像，赶海拾贝、捕小鱼虾等。晚上观赏黄海日落的美景，同时可品尝自己捕获的海鲜。	早餐 午餐 晚餐	大鹿岛
8.6	早餐后，乘车1.5小时返回丹东。抵达丹东后，游览鸭绿江断桥。午餐后，参观丹东足迹馆（门票免费），带你全面了解丹东。乘坐火车返回沈阳，参考车次：××××次（15:33—17:02）。抵达沈阳后，乘车返回牡丹江，参考车次：××××次（21:02—次日7:43）。	早餐 午餐	火车
8.7	抵达牡丹江。	无	无

费用包含：

1. 门票：千山、水洞、大鹿岛。

2. 餐食：7正餐1早餐，正餐10人1桌，8菜1汤。

3. 旅游乘车：牡丹江往返沈阳火车硬卧、沈阳往返丹东动车二等座、当地旅游大巴车。

4. 住宿：当地酒店标准间住宿。

5. 导游服务：全程领队陪同，当地优秀导游服务。

费用不含：

1. 千山电瓶车共计3段，游客自理，每人30元。

2. 行程外的其他消费。

其他事项

1. 现在正处暑运旺季，去程火车票铺位选择稍多，尽量满足大家的要求。回程火车票比较紧张，请配合全陪的分配，感谢大家的理解和配合。

2. 做好防暑降温工作，多喝水，带好防晒伞，晕车的游客请备好晕车药品。

3. 请自备洗漱用品,火车上餐食自理。

4. 注意吃海鲜时不宜饮啤酒,海鲜不宜与某些水果同食(如含有较多鞣酸的葡萄、石榴、山楂等),吃海鱼避免服用维生素C。

请根据上表6-1的出团通知,完成全陪服务项目任务A和B。

子项目一　接团准备

项目任务A

布置任务:

1. 黑龙江省牡丹江××旅行社,组团22+1人赴辽宁省6日游,根据表6-1的出团通知,学员模拟全陪要做的服务准备。

各组抽签决定旅游团类型(老年团、教师团、儿童团、商务团、女性团)。

2. 小组自评,各组互评。

3. 计调经理点评。

接团的准备工作是做好全陪服务的重要环节。全陪在接到组团旅行社的委派通知后,应领取出团通知单,开始进行接团前的各项准备工作。

一、熟悉接待计划

出团前,全陪要认真阅读接待计划及相关材料,全面了解旅游团的情况,是否有重点游客需要关注,团型有何特点等。旅游团的情况需要从以下几个方面来掌握:

1. 记住该团的团号、人数、客源国或地区,如果是入境团队要记住领队的名字和联系方式。

2. 了解该团游客的职业、年龄、民族、宗教信仰、特殊要求等,掌握团内知名人士和需要特殊照顾对象的情况。全陪可以建立旅游团微信群,在群里可以解答游客的问题,发布注意事项,如提醒游客带身份证、行李托运的要求、集合的时间和地点等。

根据游客年龄事先排好旅游车座位，同行者以年长者优先排序，防止未来几天游客因为旅游车座位不固定而出现抢座的情况。

小知识6－1

导游专座

“导游专座”是指旅游客运车辆在提供旅游服务时，为导游人员设置的专用座位，并且明确了“导游专座”的位置，即旅游大巴车的前乘客门旁边通道侧位置的第一排乘客座椅。从2016年8月1日起，所有营运客车不得在车厢内设置折叠座椅。

3. 掌握整个行程的交通情况，各站的交通工具安排、交通票据是否已经订妥、沿线各站的抵达和离开时间等。

4. 熟悉行程中所列景点的概况，能够为游客做概括性的讲解。

5. 了解行程中各站的住宿、用餐、娱乐和购物情况，以便随时回答游客的问询。

二、物质准备

全陪需要做的物质准备与地陪相似，需要准备必要的证件，如导游证、身份证；必备的单据、表格，如结算的单据、接团计划、中途离团申请表、游客意见反馈单等；旅行社要求携带的其他资料，本社旅游宣传单、全陪日志等；导游必备的生活用品，如换洗衣物和洗漱用品等。

三、联系各地接社

出发前，全陪在旅行社计调处记录各地接社有关部门的联系电话和当地地陪的电话。到达各站之前，全陪与各地接社提前取得联系，以便顺利接洽并安排在当地的各项事宜。

四、知识准备

全陪在整个旅游的过程中主要起到与各站沟通、联络、协调的作用，还要监督地陪和地接社按照确认的各项标准及质量要求认真服务，保障游客的权益。旅游过程中的讲解工作主要由地陪负责,但并不意味着全陪可以忽视讲解工作或者不进行讲解,全陪要了解景区的概况、特点和历史等与景点相关的情况,做好随时为游客讲解的准备,这也是与游客进行沟通,树立自己优秀导游形象的好机会。同时,全陪还要了解客源地的知识,以便在讲解时可以有对比和参照的内容,这样有比较的讲解也会加深游客对旅游地的印象。

五、心理准备

全陪与地陪在工作区域上的差异较大,地陪一般只在本省或本市的几个景点之间交替工作,但全陪一次的旅游活动可能就要跨越多个省份,工作时间也较长,在体力上的消耗更大,其忙碌奔波的工作性质也需要家人的理解和支持。随着行程的推进,一些游客可能会对一些事表现出不满,游客可能会不分青红皂白地把怨气撒在全陪身上,全陪很多时候可能是代人受过,自己又不好过多地辩解,一般只能心平气和地面对游客的埋怨。作为全陪要对自己的工作性质、旅途中的情况等做好心理准备。

子项目二 首站接团服务

一、迎接游客

首站接团服务是全陪和游客的第一次接触,全陪要给游客留下好的第一印象,这对之后导游工作的开展起着重要的作用。

全陪要提前到达接团地点,接团地点可能是机场、车站、码头,也可能是旅行社指定的某一地点,但无论在什么地方,全陪应至少提前半小时到达接团地点,迎候旅游团。接到旅游团后,全陪要向游客进行自我介绍,核实实到人数,清点游客的行李件数,简单地交代旅游注意事项。全陪集合好团队,准备乘坐交通工具前往第一个旅游目的地,乘坐交通工具时可以与游客交流,确认分房、用餐等细节问题。全陪可以简单地介绍行程情况,回答游客的相关问询，解决游客的各种问题。

二、入店服务

全陪带领游客到达首站目的地后，地陪一般会在约定好的地点准备迎接旅游团。如果是接到团队后首先安排入住，那么全陪应该协助地陪办理好入住登记手续，引导游客入住客房并协助游客尽快安顿好行李。

因地陪刚刚接触游客，对游客的情况还不太了解，分房工作应先由全陪来做。全陪应在地陪拿到房卡后，按照事先排好的房间名单分发房卡，同时告诉游客和地陪自己的房间号，方便游客和地陪联系自己。分发房卡后，全陪应与地陪一道去游客房间巡房，看房间是否有问题，游客是否还有其他需要。地陪如果不住在饭店，全陪要负责处理游客在饭店的各种问题。掌握饭店前台的电话和地陪的联系方式，交代前台提供叫早服务的时间，告知游客叫早时间和早餐时间。

小知识 6－2

分房小技巧

1. 游客去旅行社报名参团的时候就会提出住宿要求，工作人员在名单上做好标注并尽量满足游客的要求。

2. 事先和游客说明，在办理入住手续时请游客在大堂里安静等待。全陪提前收好游客身份证，维持好秩序。地陪办好入住手续后，按游客名单分发房卡。

3. 客房如果没有足够的双人标准间，只能提供三人间的时候，导游要有其他的安排预案。

4. 分房如果需要拆散夫妻，导游一定要做好解释工作，下次再有这种情况时避免拆散夫妻。

5. 楼层低、朝向好的房间尽量优先分给老人、残疾人士和儿童。

6. 结伴同行的游客房间尽量挨在一起。

三、核对、商定旅游活动日程

全陪和地陪要认真核对、商定旅游活动日程，与计划不相符的部分要及时反馈给组团社和地接社，避免因旅游计划有出入而产生的纠纷。全陪在与地陪商定日程时，应以组团社的接待计划为准，避免对旅游活动日程进行较大的修改，因为对行程进行大的修改会让游客觉得损害了他们的权益。行程单上小的变动可以与游客有商量的余地，但游客有异议时全陪和地陪要灵活处理，做好相关的解释工作。

子项目三　各站服务

项目任务 B

布置任务：

1. 学员扮演全陪，发现餐厅提供的午餐标准与旅游合同要求的不符，少了两道菜品，模拟如何与地陪沟通。

2. 小组自评，各组互评。

3. 计调经理点评。

全陪在旅游的各站服务中扮演着衔接、监督、沟通协调、协助服务等角色。全陪在各站服务中的作用如下：

1. 旅游计划的顺利实施离不开全陪在各站之间的衔接工作，全陪要提前联络各站地陪，保证各站地陪能顺利接到游客。全陪到达各站后，要向地陪通报旅游团的情况，如哪些游客身体不适，哪些游客需要特殊照料等，并协助地陪顺利完成接待工作。若活动安排上与前几站有明显的重复，全陪应建议地陪对活动进行必要的调整，同时做好游客的解释工作。在各站标志性的景点，全陪可组织游客合影留念。

2. 全陪要监督地接社执行旅游计划的情况，提出改进的建议，如旅游合同上标明团餐为十菜一汤，但地接社安排的却是八菜一汤，这时全陪要及时与地陪沟通，了解情况、提出建议，对不符合合同的做法及时纠正。再比如，饭店的星级与合同约定的有差异、游客对当地接待工作不满、地陪服务态度差或者不讲解等，全陪要诚恳地向地陪或地接社反馈，必要时向组团社报告。

3. 全陪要协调各方面的关系，处理好与地陪、领队、司机、游客以及各个景区、饭店、餐厅等人员的关系。全陪要保持旅游团内外关系融洽、气氛和谐，保证旅程顺利进行。

4. 地陪只负责本站的旅游活动安排，而全陪自始至终都参与旅游活动，在有地陪的时候全陪不要喧宾夺主，要配合地陪做好工作，在没有地陪的时候要领导好整个团队。

5. 全陪要提醒游客保护好人身和财产安全，当有突发事件时，全陪要及时处理。在游客游览时，全陪要观察周围的环境，留意游客的动向，防止游客走失。旅游途中有游客重病住院，全陪应前往照顾游客，地陪带领其他游客继续旅游行程。

子项目四　离站服务和途中服务

一、离站服务

全陪在每一个中间站的离站工作大体相同，基本有以下几项：

1. 全陪应提前告知地陪落实离站的交通票据，核实离站时间，务必按要求提前到达交通工具搭乘地点。

2. 如离站时间发生变化，全陪要及时通知下一站地接社，也可以让本站地接社通知下一站地接社，让下一站地接社做好相应准备。

3. 全陪协助地陪妥善办理离站事宜，向游客讲清托运行李的有关规定，提醒游客带好自己的行李和物品，带好旅游证件。

4. 全陪协助地陪清点行李，与地陪交接交通票据，协助游客办理托运行李手续。

5. 全陪按规定与地接社办妥财务结算手续，妥善保管财务收据，签字确认本站的意见反馈单。

6. 如遇航班延误或取消等情况，全陪应协同机场人员和地陪妥善安排好游客的食宿等事宜，并及时通知下一站地接社。

二、途中服务

在准备乘坐交通工具时，全陪应提醒游客按照站牌的指示乘坐，全陪走在队伍的最后。登上交通工具以后，全陪要第一时间清点人数，防止游客掉队。全陪要积极争取各交通部门工作人员的支持，共同为游客做好安全工作和旅游生活服务工作。

在交通工具运行时，全陪要提醒游客注意安全，保管好自己的物品。虽然讲解服务不是全陪的主要工作，但游客对下一站的景点感兴趣的话，全陪也应该对景点做简单介绍，沿途的风光、风土人情以及游客感兴趣的话题都可以随时交流。为避免长途旅行的枯燥，全陪可以视情况组织一些娱乐活动。

子项目五　末站服务

末站服务是全陪服务的最后环节，要保证旅游团顺利离开末站，并给游客留下良好的印象。

离开末站前，全陪要与地陪结清各种费用，保管好各种票据、单据，交接返程交通票据，提醒地陪将证件归还游客，请地陪安排好送站车辆，确定出发时间，确保旅游团在规定的时间到达交通工具乘坐地点。

全陪要提醒游客带好全部的行李、物品和证件，主动征求游客对整个接待工作的意见和建议，请游客填写游客意见反馈单，见表6－2。与游客分别前，全陪向游客致欢送词，感谢游客对工作的支持和配合，欢迎他们再次光临。

表6－2 ××集团 牡丹江分社游客意见反馈单

尊敬的游客：

为保障您的合法权益，不断改进我们的服务工作，请您配合我们填写此表，就此次导游人员的服务质量给予评价，对服务当中存在的问题提出您宝贵的建议，感谢您的支持和配合，谢谢！

导游： 报名方式： 线路：

评价内容	好	较好	一般	差
游程安排				
用餐质量				
住宿安排				
车辆车况				
导游服务				
司机服务				
总体评价				

游客签名： 联系电话：

意见或建议： 下次出行计划：

子项目六 后续工作

旅游团离开后，全陪要处理好后续工作，认真办好游客委托的事情，归还从旅行社借出的导游旗等用品，及时处理财务结算和报销事宜，填写旅行团费用结算单和旅行社差旅费报销单。

全陪要做好总结工作，对团队的整个行程进行总结，梳理工作中遇到的问题，反思自己的应对措施是否恰当，不断完善自己。如果带团过程中发生重大事件，全陪要向旅行社进行专题汇报，保存好原始资料并装入档案以备查证，资料也可作为旅行社内部培训的案例。

全陪要认真填写全陪日志，见表6－3。各旅行社的全陪日志不尽相同，但大致的内容包括：旅游团的基本情况、旅游日程安排、所乘交通工具、各地接待质量、发生事故的经过及处理（必要时需另写书面报告）、游客的意见和建议、游客希望下次出游的线路以及全陪自己的感悟等。

表6－3　××旅行社全陪日志

全陪姓名：	团号：	客源地：
地陪姓名：	接待时间：　年　月　日至　年　月　日	人数：
途径城市、各段停留时间、所乘交通工具		
各站接待质量		

续表

旅游团发生的问题及处理
游客对各站的意见和建议
全陪的意见和建议
游客希望下次参团的线路
全陪感悟

思考题

1. 新导游可以做全陪吗？如果可以，应从哪些方面做服务准备，如果不可以,请说明理由。

2. 简述全陪的服务程序。

课后实训

地陪小李接待了一个旅游团,团队包括全陪小赵和20名游客。小李带领游客乘车去酒店的途中,由于连续带团过于疲劳,除了自我介绍以外,小李没做任何讲解。第二天赴景点途中,导游员小李私自带着2名亲友随团游览。当天下午,天降大雨,游客提出要改变登山的行程,先去××室内博物馆参观,但导游员小李说门票已经预订,不能更改行程,游客最终冒雨登山。当日深夜,团内1名游客出现上吐下泻的症状,全陪小赵外出访友未归。导游员小李认为游客上吐下泻的问题不大,将自己随身携带的肠胃药给游客服用,而没有陪同游客去医院检查,结果该游客病情愈发严重,导致该游客次日紧急送医,住院治疗。

本案例中,全陪和地陪都有哪些失职或处理不当之处,正确的做法应该是怎样的?

项目七　领队服务

学习目标

知识目标:

1. 熟悉行前说明会的内容和出入境手续知识。

2. 掌握领队的服务程序。

能力目标:

1. 能与境外导游顺利沟通。

2. 能带领游客顺利办理出境手续及回国入境手续。

3. 能为出境游客提供领队服务。

素质目标：

1. 培养学员的外语表达能力。

2. 培养学员的沟通协调能力。

3. 了解境外风土人情、生活习惯等。

重点难点

重点：做好出境前的准备工作。

难点：了解国内和境外的相关政策法规、目的地国家的风俗习惯和宗教信仰等。

引导案例

签证被拒签，机票、酒店损失谁来担

出国旅游少不了办理签证，但是由于许多原因，签证不是百分之百都能获签的。实践中，游客因为签证未通过，旅行社与未获签的游客及其同行人就已经预定的机票、酒店等费用的承担问题产生的纠纷、投诉、诉讼时有发生。

如果双方均无法证明签证无法顺利出签系对方过错，鉴于出国签证办理本身具有的不确定性，签证办理结果并非该旅行社所能掌控，故已产生的签证费用应由游客承担。

一般来说，在双方均不存在违约的情况下（通常也难以证明对方存在过错），旅游合同因签证问题解除后，旅行社可以扣除已实际支付且不可退还的费用。但签证未获签，机票、酒店费用并未也并不应为已实际支付的项目，故旅行社理应退还。

（本案例节选于《中国旅游报》，2019 年 9 月 17 日）

与国内旅游不同，出境游会涉及办理出入境手续、护照和签证等流程。

作为出境领队,一定要做到谨慎、认真,遇事不要慌乱,按照相关法律规定,灵活地处理各种问题。

表 7－1　日本七日游

日本七日游 (大阪、京都、奈良、箱根、东京) 出发城市:哈尔滨　　发团日期:2018 年 4 月 20 日				
日期	行程	用餐	交通	酒店
第一天	哈尔滨—大阪　参考航班:××× 早上 5:00 在哈尔滨太平国际机场集合,在领队的协助下办理登机手续、托运行李,后搭乘航班×××飞往大阪关西国际机场,日本当地导游接团后驱车前往入住酒店。	早:自理 午:飞机餐 晚:自理	飞机	××酒店
第二天	大阪—京都 前往大阪城公园(景点游览时间不少于 50 分钟)、心斋桥、道顿堀(景点游览时间不少于 120 分钟),参观京都金阁寺(景点游览时间不少于 40 分钟)。	早:含 午:自理 晚:含	旅游巴士	××酒店
第三天	京都—奈良 早餐后,前往东大寺(景点游览时间不少于 40 分钟)、奈良公园(景点游览时间不少于 50 分钟),日本寿司制作体验(时间约 90 分钟)。	早:含 午:含 晚:含	旅游巴士	××酒店

续表

第四天	静冈—箱根 早餐后,乘车前往富士山五合目(景点游览时间不少于40分钟)、忍野八海(景点游览时间不少于40分钟)、御殿场奥特莱斯(景点游览时间不少于2.5小时),晚餐后入住酒店。	早:酒店含 午:自理 晚:含	旅游巴士	××酒店
第五天	箱根—东京 早餐后,前往游览二重桥(景点游览时间不少于40分钟)、浅草寺(景点游览时间不少于40分钟)、台场(景点游览时间不少于1小时),晚上入住酒店休息。	早:酒店含 午:含 晚:自理	旅游巴士	××酒店
第六天	东京 早餐后,东京银座自由活动(含往返接送)。 温馨推荐:您可以自行前往东京迪士尼乐园(10人以上免费接送,门票请自理)。	早:酒店含 午:自理 晚:自理	旅游巴士	××酒店
第七天	东京—哈尔滨　参考航班:××× 早餐后,整理行装乘车到达成田国际机场,乘坐国际航班返回哈尔滨,结束愉快的日本之旅。	早:含	飞机	无

以上行程仅供参考,自由活动时间无领队服务。

报价包括:

1. 团队签证费用。

2. 国际往返机票(全程经济舱)。

3. 地面交通服务费。

4. 全程当地四星级酒店(升级一晚五星级酒店),酒店双人标准间住宿,游览期间为日本旅游旺季,有可能出现单人间的情况,请谅解。

5. 领队费用、日本中文导游费用、司机服务费。

6. 行程中标明的餐费。

7. 行程所列景点门票。

8. 旅行社责任险。

报价不包括:

1. 个人意外险。

2. 洗衣费用、付费电视、电话费用及一切私人性质的费用。

3. 景点以外的观光项目。

4. 全程单人房间差2400 元/人。

5. 行李物品超重费用。

6. 自由活动期间所产生的费用。

7. 因不可抗力产生的额外费用。

表7-2　行程外活动安排

序号	国家	自费项目	门票价格	时间
1	日本	大阪城天守阁	49 元人民币	约1天
2		东京迪士尼乐园	449 元人民币	约1天

1. 为满足旅游者的多样化需求,在行程时间允许、参加人数足够的情况下,旅游者可以要求参加行程外活动。

2. 行程之外的自费项目遵循自愿参加的原则，旅行社绝不强迫旅游者消费。

3. 不参加附件所列活动的旅游者，根据行程安排的内容进行活动；参加自费项目的旅游者，须在境外签署合同附件并交给领队。

4. 如旅游者未签署合同附件，或仅以口头形式确认参加自费项目的，旅行社视为旅游者不同意参加行程外活动，旅行社将根据计划行程安排旅游者。

此外，在不减少景点的前提下，导游可根据境外的实际情况调整行程，该调整不视为违约。当发生不可抗力或者有危及旅游者人身财产安全的情况，景点、交通、住宿地点的临时变动、修改或更换，以及旅行社不得不调整或者变更旅游合同的其他约定时，本公司会事先向旅游者说明情况。因客观原因无法在事前说明的，亦会在事后向旅游者说明情况。因不可抗力（如天灾、战争、罢工等）和人为不可控因素（如航班因天气原因而延误或取消）导致的一切额外费用，我公司有权追加差价。

旅行社（盖章）：　　　　　旅游者或旅游者代表（签章）：

经办人及电话：

签约日期：

请您在境外期间遵守当地的法律法规，注意自己的人身安全，祝您旅行愉快！

出境旅游的领队是指取得出境旅游领队证，并接受具有出境旅游业务经营权的国际旅行社的委派，从事出境旅游领队工作的人员。从2016年起，获取领队证不需要参加考试，需要持有导游证的导游人员所在的出境旅行社代其申请。

根据表7-1完成项目任务A、B。

子项目一　准备工作

项目任务 A

1. 根据表 7 - 1,完成领队的准备工作:

(1)出发前的准备。

(2)召开行前说明会。

2. 小组自评,各组互评。

3. 计调经理点评。

一、出发前的准备

(一)出发前的业务准备

1. 熟悉接待计划

领队要掌握旅游团的情况,包括人数、姓名、年龄、职业等信息,根据游客的情况,可以草拟分房名单。领队在熟悉接待计划的基础上,了解各站的位置、出发时间、所乘坐的交通工具、行程中的全部游览项目、下榻酒店的名称及位置、文娱活动的安排、用餐安排、自费项目等。

2. 检查护照、签证、机票

(1)检查护照。重点检查有效期(保证距离回程日期还有半年以上的有效期,16 周岁以下有效期 5 年,16 周岁以上有效期 10 年)、中英文姓名和护照号等与旅游团出境名单的内容是否相符。

(2)检查签证。重点检查签发的日期、截止日期、签证号码等内容。

(3)检查机票。核对游客的姓名、乘机日期、航班等内容。

(二)出发前的表单、用品准备

1. 需要携带的各种表单,如游客意见反馈单、自费项目表、领队日志、已办妥手续的团队名单表(一式四联)。

2. 个人携带用品，如换洗衣物、洗漱用品、拖鞋、手机、充电宝、太阳镜、常用药、小额外币现金、插头转换器等。

二、行前说明会

旅行社要做好游客的行前教育工作，在出发前一周左右，旅行社召集本团队的游客，举行团队行前说明会，向游客说明境外旅游的注意事项，介绍领队与游客认识。

（一）说明会的内容

1. 领队致欢迎词，进行自我介绍，告知游客自己的联系方式。

2. 宣布旅行团的出发时间和集合地点。

3. 逐一介绍本次出境旅游的全过程，包括出入境手续的办理、每天的行程安排、境外的食宿标准、景点概况等。说明哪些活动属于自费项目，游客可以自愿选择参加。

4. 介绍目的地的历史、天气、货币、特产、法律规定、风俗习惯、宗教信仰、用餐礼仪等。

5. 强调财物的保管问题，包括护照、签证、贵重物品的保管等。

6. 应携带的个人物品。当旅游产品有特殊安排，如廉价航空上不提供餐饮、入住酒店不提供一次性洗漱用品时，领队要在说明会上向游客说明。

7. 换汇事宜。参加出国游的游客每人每次携带 20000 元以内人民币，或者不超过等值 5000 美元（含 5000 美元）的外币现钞时可直接放行。

8. 讲明旅行团在境外的纪律规定，统一行动，不可脱团滞留不归，强调时间概念。部分出境国家的旅行社为防止旅游者脱团滞留不归，要求游客交纳押金，签署担保书，如表 7－3 所示。

表7－3　担保书

担保书 致××国际旅行社有限公司（以下简称“××国旅”）： 兹________________（此处填单位全称，以下简称本公司）自行组织______名游客（名单附后），已由××国旅办理了赴×国出境旅游的所有手续，为保证游客在使用签证出入境的过程中按时随团回国、不滞留境外、不私自脱离团队，回国后积极协助××国旅的销签工作，本公司已经收到游客交来的每人5万元人民币的担保金，鉴于双方长期友好合作关系，其保证金在游客赴×国旅游期间暂保存在我处。但如果我方所组游客在旅游签证规定时限内未能如期归国，我方须按照总赔偿金额为未归人数与下表担保金额制定的标准之积数赔付××国旅损失。 若出现游客私自脱离团队、滞留不归或不配合销签的情况，本公司愿意承担以下担保责任： 1. 支付××国旅每人5万元人民币，如游客出现私自离开团队、滞留不归或拒绝销签等情况，则在接到贵公司通知后3日内付清此担保金，如果未能在限期内付清此款，本公司愿意承担相关法律责任。 2. 支付××国旅因游客私自离开团队、滞留不归或拒绝销签等情况而引起的一切费用，包括（但不限于）境外移民局的遣送费和中国公安机关的办案费，以及因上诉原因而产生的诉讼费、律师费、差旅费等。 3. 为保证本合同履行及合同目的实现，由担保单位公司的法定代表人承担连带保证责任。 4. 出团日期为　　　年　　　月　　　日——　　　年　　　月　　　日，此团　　　年　　　月　　　日抵达中国。 本公司已清楚明白地了解根据本担保书所负有的责任，本公司谨此明示，上述情况一旦出现和发生，将会放弃对担保书提出任何抗辩的权利，并对上述担保书履行一切法律责任。

综上所述，一切属于本公司自愿承诺，将毫无疑问执行。产生纠纷，双方约定在北京××国际旅行社有限公司指定地区法院起诉。

担保人名单如下：

序号	姓　名	英文名字	性别	出生年月	护照号码	担保金额(RMB)
1						人民币伍万元整
2						人民币伍万元整
3						人民币伍万元整
4						人民币伍万元整

备注：

1. 此担保书签字盖章后即日起生效。

2. 提供担保书原件、担保单位法人代表或委托人身份证扫描件及复印件，其复印件与原件同样具有法律效力。

3. 提供担保单位营业执照复本的扫描件、复印件(加盖公章)。

担保单位加盖公章：

担保单位公司法人代表/委托人签字：

担保人的电话(座机)及手机：

担保人的身份证号：

年　月　日

9. 注意人身安全，文明出游。告诫游客在境外要注意安全，特别是在海滨或自由活动时。向游客讲解《中国公民出境旅游文明行为指南》，提示文明旅游的相关注意事项和基本的文明旅游规范，未参加说明会的游客，领队应通过电子邮件、微信或电话的方式告知游客。

10. 发放旅行纪念品（很多旅行社会在说明会上发放旅行包、保温杯、帽子等纪念品）。

11. 解答游客的各种疑问。

（二）说明会上应落实的事宜

1. 分配房间

领队按照游客报名时所提出的住宿要求和团队中男女比例和人数，最后确认分房名单。每日分房时，领队都应在打印好的分房名单上登记好游客入住的房间号，方便联络和及时处理游客的问题。分房名单举例，如表 7－4 所示，标准间 1、2 为两对夫妻。

表 7－4 分房名单

序号	姓名	英文名	性别	出生日期	护照号	有效期	房间
1	邵某	SHAO MOU	女	×××××	×××××	×××××	标准间 1
2	董某	DONG MOU	男	×××××	×××××	×××××	
3	王某	WANG MOU	男	×××××	×××××	×××××	标准间 2
4	王某	WANG MOU	女	×××××	×××××	×××××	

2. 游客所缴纳费用的构成

领队确认游客的各项费用是否已经缴纳，国内段返程机票是否已订等。

3. 是否有单项服务等特殊要求

单项服务，就是游客额外提出的特殊要求，如行程安排回程是在北京机场中转再回出发地，但游客想由北京去上海办事，希望旅行社方面能代买北京赴上海的高铁票，旅行社应尽量满足游客的合理需求。

4. 是否有特殊餐饮要求

由于生活习惯、身体状况等原因，有些游客会对餐食提出特殊要求，如不吃荤、不吃辛辣食品等，领队应早做准备，安排好游客的特殊餐饮要求。

5. 填写游客安全信息

建议出境游游客填写游客安全信息卡，在境外如果有意外发生，能够马上得到救援，也能在第一时间通知游客的家属。游客安全信息卡需要游客填写自己的基本信息、血型、过敏史、既往疾病等内容。

子项目二　办理出境手续

在旅游出发地的机场、车站、码头等地点集合，领队应明确集合的具体位置，方便游客找到团队。集合后，领队向游客重申文明旅游事项，向游客简要介绍过关程序，提醒注意事项，着重强调各种证件的重要性，让游客妥善保管好护照等证件。领队办理各项手续时，可以选择一名善于组织的游客协助自己，由这名游客负责把其他游客集合在一起。

领队具体的出境服务包括：

1. 提前到达集合地点，清点人数，联系没有及时赶到的游客。

2. 协助游客办理登机手续、托运行李。一般情况下，团队游客应到所搭乘的航空公司的值机柜台前集中办理乘机手续。对需要购买航空保险的游客，领队要协助游客购买保险。领队协助游客办理完托运手续后，提醒游客保管好登机牌、行李牌。

3. 需要申报行李物品的游客，要认真填写中华人民共和国海关进/出境旅客行李物品申报单，走红色通道，办理海关手续。其他游客由领队带领走绿色通道，也称“免税通道”。

4. 卫生检疫。为了防止传染病由国外传入或者从国内传出，我国制定了《中华人民共和国国境卫生检疫法》，要求入境、出境人员如实填写健康申明卡，来自疫区的人员还必须出示有效的有关疾病预防的接种证明（因封皮为黄色，也称“黄皮书”）。

5. 边防检查。如果旅游团是团体签证或者是到免签国家旅游，领队应出示中国公民出国旅游团队名单表、领队证及团体签证。领队走在前面先办妥手续，然后游客按照名单表顺序，逐一通过边防检查。如果是个人因私出国，需填写边防检查出境登记卡，然后将本人护照、有效签证和机票一并交由边检人员验证完毕后，在护照上加盖出入境验讫章。

小知识 7－1

边防检查站有权阻止出境、入境的几种情况

边防检查站根据《中华人民共和国出境入境边防检查条例》，出境、入境的人员有下列情形之一的，边防检查站有权阻止其出境、入境：

1. 未持出境、入境证件的。
2. 持有无效出境、入境证件的。
3. 持用他人出境、入境证件的。
4. 持用伪造或者涂改的出境、入境证件的。
5. 拒绝接受边防检查的。
6. 未在限定口岸通过的。
7. 国务院公安部门、国家安全部门通知不准出境、入境的。
8. 法律、行政法规规定不准出境、入境的。

6. 安全检查。安全检查必须在旅客登机前进行，拒绝检查者不准登机，安全检查不存在任何特殊免检的对象，主要检查旅客及其行李物品中是否有携带枪支、易燃易爆物、腐蚀性物品、有毒物质、放射性物质等，以确保航空器及乘客的安全。目前采用的检查方式有过安全门、磁性探测器近身检查、搜身、红外线透视仪器检查、物品检查等。

完成以上相关程序后，领队就可以带领游客到候机室等候登机。一般在航班起飞前40分钟左右开始登机，领队要留意广播提示，是否有本次航班延误等消息。

子项目三 途中飞行服务

登机后，领队可以帮助游客协调更换座位，领队的位置最好在中间过道，方便为游客提供服务。游客在就餐方面如果有特殊要求，如儿童餐、素食餐等，领队应提前与空乘人员沟通。领队要熟悉救生设备的位置，安全门的位置，认真听空乘人员的讲解和演示，一旦发生状况，领队可以协助空乘人员，尽快为游客提供帮助。

飞行期间，领队需要向空乘人员索要入境卡和海关申报单，分发给全团游客，指导或帮助游客填写入境表单，各个国家的表格样式虽然不同，但内容大致相同，表格通常用英文填写。很多国家的入境卡和出境卡是左右一体的卡片，两边要同时填写，入境时，海关工作人员将入境卡撕下，出境卡在出境时使用，所以要提醒游客保存好另一半卡片。

子项目四 办理国外入境手续

到达旅游目的地国家（地区）后，领队需要带领旅游团办理有关入境手续，主要包括卫生检疫、证件查验、海关检查等程序。一般来说，持有效签证的外国人都允许入境，但也有阻止入境的情况，如该外国人属于本国政府禁止入境黑名单上的人员、曾经被驱逐出境的人员等情况。经检验无误，在护照上加盖入境验讫章后，工作人员会把入境卡留下，护照、机票和出境卡交还给游客。查验证件后，领队就可以带领游客去认领自己的行李，提醒团员检查各自的行李，如有损毁、丢失必须立即通知机场工作人员。海关检查在各国的情况并不完全相同，有些国家是免验的，有些国家需要口头申报，有些国家需填写海关申报单。但海关要求检查时,领队需事先提醒游客,配合检查。

办理好以上各项手续后,领队清点人数,带领全团游客与前来迎接的地接社导游会合。上车之前,领队需再次清点人数,请游客确认好自己的行李和随身物品后,再集合登车。如在公路上通过国界,则应将游客的证件收齐,移民单位派工作人员上车检查,通常只核对人数,一般不检查行李。

子项目五　境外领队服务

项目任务 B

1. 根据表 7-1,模拟领队在境外带团期间的主要工作:

(1)领队与当地导游配合,如何引出当地导游,与当地导游的前期沟通。

(2)如何安排住宿、商定日程、安排就餐、安排参观游览。

(3)如何指导游客购物。

2. 小组自评,各组互评。

3. 计调经理点评。

领队与境外导游会合后,应与导游进行简单的工作交接,主要内容有:领队进行自我介绍,相互交换联系方式;告知当地导游游客人数是否有变化,询问房间安排情况;是否由机场直接去下榻的酒店,大概需要多长时间;由领队介绍当地导游,不要着急宣布这几天的行程安排,安排游客入住后,与当地导游先核对、商定日程等事项。

一、领队向游客介绍当地导游

游客经过长途跋涉到达另一个国家,突然来到一个陌生的环境,语言又不通,内心可能既兴奋又紧张,领队可以用轻松的致欢迎词的形式开场,这样能给游客以安定、踏实的感觉。欢迎词的内容与国内导游服务程序中的欢迎词相似,主要是引出接待旅游团的当地导游。

二、安排游客入住酒店

在抵达酒店途中，领队应简单介绍下榻酒店的基本情况和注意事项，宣布第二天叫早时间和早餐时间，是否需要换酒店，是否需要带上行李等。到达酒店后，当地导游办理入住登记手续，告知游客餐厅、电梯和楼梯的位置，在拿到房卡或钥匙后，交给领队分房。领队按照事先准备好的房间名单，填上每日住宿的房间号即可，同时告知游客自己所在的楼层及房间号，方便联络。领队在游客入住后，应去巡房，协助游客解决问题，查看房间情况，拍下照片，反馈给组团社。

小知识 7－2

出国旅游在安全方面要注意什么？

人身安全方面：

1. 不要冲动，遇事冷静，不要和别人发生冲突。
2. 注意周围环境的安全，不要去危险的区域。
3. 注意国际局势的安全，不要去敏感国家。
4. 注意自身行为，在外不要主动惹事，尽量避免谈论政治话题。
5. 最好结伴而行，特别是女生，夜晚不要一个人外出。
6. 不论男女，一个人不要去太偏僻的地方。

财产安全方面：

1. 出门时看护好自己的财物。
2. 选择信誉良好的酒店或者民宿。
3. 不要听信陌生人的话，防止被骗。
4. 护照、身份证和钱包分开存放，以防所有东西一起丢失。

三、核对、商定行程

游客房间安排妥当后，领队应及时与当地导游核对行程，商定游览计划，具体包括下榻的酒店、游览的景点、停留的时间、购物等项目。因当地导游对当地的交通和景点情况较为熟悉，可能会提出修改原定行程的建议，如果更改后对整体计划有益，领队在原则上应同意当地导游的建议，可以调整项目顺序，但项目不能减少，如当地导游对行程修改较大，必要时可报告给国内组团社。

四、监督旅游计划的实施

在境外旅游期间，领队应与当地导游、司机相互配合，把旅游活动安排好，让游客满意。但如果当地导游或司机提出无理要求，或有侵犯游客利益的行为时，如强卖游客纪念品、讲解差或不讲解、随意增加收费景点、延长购物时间、增加购物次数、降低服务标准等，领队应及时与当地导游交涉，维护游客的权益，必要时向接待社投诉并向国内组团社报告。

五、安排就餐服务

游客用餐之前，领队应提前告知游客以下事项：

1. 餐厅都是提前预订，需按照安排好的座位就座。用自助餐需勤拿少取，拿的食物要吃完，不可带走。

2. 就餐时，不要大声喧哗，不要吸烟，以免影响其他游客用餐。

3. 餐食口味可能与国内有差异，游客要求增加标准以外的餐食，如另点饮料，费用需自理。

4. 如有素食者，可以保证每桌至少有两个素菜。

游客用餐过程中，领队要进行巡视，看游客的餐食是否够吃，如有问题，及时帮助游客解决。

六、观光游览及观看演出服务

游客千里迢迢远赴他国，就为看到异国的风土人情，领队和当地导游应每天告知游客当天的行程计划，如果因为天气、交通等方面的原因导致行程有调整，要提前通知游客。每日行程结束后，领队和当地导游要把次日的行程安排告诉游客。

游览景点时，领队要时刻关注游客动向，当地导游走在旅游团前面，领队走在旅游团后面,随时清点人数,防止游客走失。行程中领队既要兼顾游客的体力,又要掌控好游览时间,如在赶飞机之前,提醒当地导游不要带游客去大型的购物场所,那样游客很容易忘记集合时间,造成误机。

如果当地导游向游客推荐自费项目,领队应注意自费项目是否与之前协商好的项目和价格相符,是否有随意加项和加价的现象,要征求全体游客的意见,维护游客的利益。

在夏季,因为室外温度较高,车厢内空调可能一直是开着的,领队要提醒游客在车内备一件外套,车程两个小时以上的,行车途中要找服务区让游客休息。出发之前,领队提醒游客把要用的东西准备好放在车内,中途不要开行李箱,保证安全的同时也尽量不给司机添麻烦。

行程中如果有观看歌剧、舞剧或者交响乐等项目,领队带领游客观看演出前一定要说明注意事项,如是否允许拍照、合影,着装有无要求,如何离场等。

七、购物服务

购物是很多游客非常重视的环节,很多游客喜欢给自己和亲友带回有异国特色的纪念品。当地导游和领队要向游客介绍本地商品的特色和购买的注意事项,如退税就是很多游客比较头疼的一件事,领队要提醒游客不同国家、不同商店退税的方法和退税百分比都不尽相同,退税应保留好哪些单据,退税大概何时到账等。

游客购物时,领队要给予帮助,如翻译、办理托运、介绍退税规定等。如果游客对购买的商品不满意,当地导游、领队应协助处理。领队要提醒游客不要购买街边商贩的商品,商品质量无法保证,也无法退换。

八、境外突发情况的处理

1. 在境外带团过程中,如果遇到游客脱团或滞留不归的情况,领队应立即通知当地接待社组织寻找,并通知国内组团社。如寻找无果,领队应通知国内公司更改计划,及时向组团社和中华人民共和国驻该国使领馆、相关驻外机构报告。领队配合当地旅行社,报告国外有关部门,按照要求填写报告,处理可能影响整个团队行程的团队签证、机票等事宜,安抚其他游客的情绪,保证其他游客正常进行接下来的行程。

2. 在境外带团过程中,如游客重伤或者游客重病,领队要在第一时间通知组团社,并积极配合当地接待社救助游客,必要时可向中华人民共和国驻该国使领馆、相关驻外机构寻求紧急援助。领队一方面要协调做好受伤游客或者重病游客的救治工作,另一方面要做好其他游客的安抚工作,尽量不影响接下来的行程。

子项目六　国外离境服务

一、领队离境之前的相关工作

(一)确认返程国际航班

返程机票无论是联程机票还是往返机票,都需要提前 72 小时与航空公司再次确认,领队可以亲自打电话确认航班。

(二)指导游客填写旅游服务质量评价表

领队将旅游服务质量评价表分发给游客,并将游客填好的表格收回,回国后交给组团社,组团社会根据游客对此次旅游服务质量的评价改进工作。

(三)填写领队日志

与前面所提的全陪日志相似,领队日志是领队每天的工作记录,内容包括游览的景点、住宿酒店的情况、用餐安排等,总之是对行程的简要记录和评价,可以作为日后组团的参考和改进的依据。

(四)与当地导游、司机道别

每结束一站的旅行,在赴机场(车站、码头)的途中,领队都要发表一小段总结性的发言,形式类似于国内的欢送词,主要内容包括:回顾这几天的行程,感谢游客的支持与配合,感谢为旅游团服务的当地导游和司机。

二、办理国外离境手续

办理国外离境手续的程序与在中国出境时基本相同,领队和游客已经经历过中国出境和他国入境,回程按部就班办好手续即可。游客搭乘国际航班最好提前3小时到达机场,由当地导游协助游客先办理登机牌和行李托运手续,拿到登机牌和行李牌后,领队应提醒游客航班号、登机口、登机时间,一定要在约定的时间前赶到登机口。然后,准备过海关边检、与当地导游道别,接下来的工作由领队负责。游客持护照、出境卡和登机牌过关。如果是团体旅游签证,领队首先让游客按照签证名单的顺序排队,领队将签证交给移民官,让游客依次通过。

某些国家或地区,外国游客可以享受购物退税。领队应事先了解退税规定和退税程序,根据当地的要求,协助游客办理退税事宜。

领队要提醒游客注意收听机场广播,不要因为在机场购物、打瞌睡、玩手机而误机。领队要提前到达机场,清点人数,与没有及时到达的游客联系,确保全员正常登机。

子项目七　办理回国入境手续

在飞往国内的航班上,领队可以领取健康申明卡和入境卡,领队指导游客填写。如按团队名单入境,入境卡则不必填写。

下飞机后,领队提醒游客要遵守中国海关、边检的规定,不得携带违禁品、管制品入境,未经检疫的动植物和水果、含有反动及淫秽内容的物品等不得带入境。

领队带领游客到边检柜台,将护照交给工作人员,核准无误后,工作人员会在护照上加盖入境验讫章,将护照还给游客后,入境手续就完成了。

子项目八　散团及其他事宜

如果是在出发地散团，领队要按照旅行社的安排，带领游客继续乘坐其他交通工具，如果是机场散团，和游客道别后，团队可以就地解散。

领队要尽快到旅行社和计调汇报工作。领队将旅游服务质量评价表、领队日志和自愿增加自费项目表、自愿放弃景点协议等表单交给计调，作为该团资料保存，以备查验。以上工作结束后，领队拿着票据到财务部门报账，归还物品，如导游旗等。

思考题

1. 出发前，领队的准备工作有哪些？
2. 简述领队的服务程序。

课后实训

何地免签、哪里落地签

1. 免签

免签是指外籍人士依据过境国的法律或有关规定，从一国经转该过境国前往第三国时，不必申请过境国签证即可过境，并可在过境国进行短暂停留的政策。有一些国家要中转第三国才能到达，比如，圣马力诺与中国无直航航班，因此出入该国必须办理申根签证，途经意大利进入该国。

2. 有条件免签

有条件免签是指必须从指定口岸或者跟随团队才能免签证入境。比如，法属留尼汪和法属波利尼西亚，游客要跟随由中国旅游主管部门批准的具有组织出境旅游资质的旅行社才可免签证入境。印度尼西亚则要从印尼政府指定的口岸入境。

3. 落地签

落地签是指申请人不直接从所在国家取得前往其他国家的签证，而是持护照和该国有关机关发给的入境许可证明等抵达该国口岸后，再签发签证，通常是单边的出境签证。

4. 有条件落地签

有条件落地签多是指需要在指定口岸才能落地就签。

根据以上材料，简述免签和有条件免签的区别。

模块三　带团技能训练

项目八　导游带团技能

学习目标

知识目标：

1. 掌握消除游客消极情绪的方法。

2. 掌握接待特殊团队(老年团、儿童团、残障人士)的技巧。

能力目标：

1. 能进行自我管理。

2. 能处理好与各方面的关系。

素质目标：

1. 培养耐心、细致的服务意识。

2. 培养安全意识。

3. 培养良好的心理素质。

重点难点

重点：如何激发游客的游览兴趣。

难点：如何排除旅游故障。

引导案例

张晓旭,一个金牌导游员的高光时刻

第四届全国导游大赛,张晓旭以第一名的成绩获得"金牌导游员"称号,这也是山西导游首次在全国导游大赛上夺冠。

总决赛时采取的是实地和模拟带团的比拼。"这是导游综合素质、服务水平的试金石。"许萍说,面对陌生的景点、可能发生的突发状况,张晓旭对带团细节、突发状况做了准确把控和处理。

在实地带团环节,团里有专家、评委,还会有很多神秘游客出难题。实地踩线、认真记录、分类总结、问题梳理……第二天早上8时,准备充分的她沉着地站上了大巴,开始了5个小时的"带团考核"。当天,车辆行驶10多分钟后,司机靠路边停下车,检查后告知:"车子出故障了。"张晓旭一边和司机核实车辆故障原因、能否迅速修好等情况,做好协调车辆等准备,一边微笑地安慰着车上的游客:"不好意思,车子稍微有一点问题,但还好,我们没有被困在偏僻的地方,咱们出门在外不管遇到什么情况,最重要的就是安全第一,对不对?我们正在紧急修理,请大家不要担心。"此时,她立刻从包里取出快板,打了起来:"来吧,给大家说一小段快板!"张晓旭的这个举动,不仅没有让游客因车辆故障而影响出游心情,还利用才艺丰富了游客的旅程体验。此外,她还遇到了游客迟到、走丢、丢失物品、不文明行为、用餐特殊要求等问题,她均以正确的方法进行了处理。在带团视频播放后,专家评委组都给出了较高的评价,甚至给出了"教科书式带团"的评价。

许萍回忆说,在总决赛模拟带团环节,张晓旭也有突出表现。当时,她抽到的是亲子团,讲解的主题是山西的根祖文化,在亲子团进行到最后3分30秒时,团里的小朋友突然开始哭闹,这时主持的画外音提问:"如果团里的小朋友哭闹影响到其他团友,你该怎么办?"张晓旭回到舞台中央,在30秒内给出了答案:"先判断孩子哭闹的原因,排除其生病与受伤的可能。与家长配合安抚孩子，必要时让家长带孩子到一个安静的场所，比如在游客中心平复孩子的心情，安抚团里其他游客，征得游客的理解。”张晓旭的回答收获了评委的一致肯定。

（本案例节选于《山西晚报》，2019年11月20日）

作为一名导游，仅熟悉工作流程和规范讲解是远远不够的，还需要掌握消除游客消极情绪的方法，掌握接待特殊团队的技巧，能进行自我管理，并能处理好自己与各方面的关系等。根据以上材料，谈一谈导游张晓旭运用了哪些带团技巧。

子项目一　导游人员的自我管理

项目任务A

布置任务：

1. 新导游第一次带团难免会紧张，每组各抽选一位学员，与大家分享一下克服紧张的方法。

2. 小组自评，各组互评。

3. 计调经理点评。

一、导游人员的职业压力

导游的工作性质比较特殊，除了比较大的体力消耗外，还要付出大量的精力。

（一）生理压力

导游的工作时间长，体力消耗大。一个团一般都是十几个小时或者持续多天，没有固定的上下班时间和休息时间，特别是旅游旺季，可能连续几个月都没法好好地休息。每天吃饭的时间不固定、休息时间不充足，再加上体力的过度消耗，这些不规律的作息无疑会对导游的身体健康造成不良影响。

(二)心理压力

对导游来说,处理好人际关系也是做好导游工作的重要环节。导游是一项经常与游客打交道的工作,在带团过程中可能会遇到游客的质问、刁难,导游都要隐藏自己的情绪,耐心解释、冷静处理。除此之外,导游还要承受来自家庭、婚姻、经济收入等方面的压力。各种因素综合在一起,无形中增加了导游人员的心理压力,如果心理压力长时间得不到释放,会对导游的心理造成不良影响。

(三)社会压力

导游的社会压力源自社会对导游的评价以及导游的职业发展压力。媒体对个别导游失德行为的报道使导游一度成为舆论的焦点,对导游产生了一定的社会压力。如果导游对职业生涯没有很好的定位,就可能面临职业发展压力,如有些人认为导游职业是吃青春饭的,年龄大了就不适合做导游了,对导游职业的发展前途表示怀疑。所以,如果没有坚定的信念和爱岗敬业的态度,迫于职业发展压力,一些导游就会转行从事其他职业。

二、导游人员的自我调节

(一)身体调节

导游人员在带团过程中体力消耗大,为了保证导游人员有良好的带团状态,加强体育锻炼是必不可少的,如跑步、游泳、骑行等,都是不错的选择。导游人员在带团期间要善于休息,善于自我调整,如可以在酒店留出自我调整的时间,休息好才能更好地工作。

在带团期间,导游人员要处理好细节,充分利用时间。游客用餐时,导游人员也尽快用餐,不要总是空腹工作。带团时,多喝水,在讲解的过程中要适当休息,保护好嗓子。带团结束后,导游人员要保持良好的作息时间。

(二)心理调节

导游人员要学会调节自己的情绪,要有较强的心理承受能力,带团时,保持乐观开朗的态度，为游客提供热情周到的服务，遇到事情能沉着冷静、从容面对。导游人员带团结束后，要放松心情，如通过看电影、唱歌、打游戏、健身等方式来放松自己，去结识志同道合的同行，闲暇之余也可以多交流彼此的经验，通过倾诉的方式，得到别人的肯定和支持，也是一种很有效的心理调节的方法。

三、导游人员的职业管理

（一）保持职业化形象

导游人员要在游客心中塑造一个良好的职业化形象，给人以专业、训练有素的印象，让游客安心、放心。

1. 重视第一印象

对一个人的第一印象一旦形成，就很难改变，所以导游人员应从以下几个方面努力在第一次亮相的时候就突出表现自己的职业形象。

首先，在仪容仪表方面，导游人员的妆容和着装都应该符合职业特点，得体的淡妆、合适的发型、整洁的着装，会让游客感到舒服、自然。导游人员带团时，穿衣打扮不能太光鲜亮丽，不佩戴奢侈品。其次，在风度方面，一个笑容亲切、精神饱满、乐观自信的导游人员会给旅游者留下美好的印象。再次，在仪态方面，要大方自然。导游人员的站姿、坐姿、走姿、蹲姿要符合规范，辅以恰当的手势，注意动作幅度不要过大，不要与游客勾肩搭背、过分亲昵。最后，在能力和才学方面，要充分展示自己的特点。虽然导游人员的能力和才学在带团过程中不一定完全显现出来，但富有个人特色的欢迎词、首次沿途讲解，可以在短时间内展示出导游人员规范的语言、高雅的谈吐、幽默的风格，这些都会给旅游者留下深刻的印象。

2. 保持理智

在旅游过程中，可能会有不愉快的事情发生，导游人员要保持耐心与理解，冷静地为游客解决问题，让游客感觉到导游人员的理性与专业。导游人员面对游客的不礼貌行为，既不能情绪激动，也不能反唇相讥，但也不意味着卑躬屈膝、忍气吞声，而是要不卑不亢、从容大度。

3. 保持轻松的风格

人们外出旅游是为了放松心情，所以一个阳光活泼、幽默健谈的导游人员会更受欢迎。轻松的风格不是不细心、不严谨，而是导游人员既能把一切安排得有条不紊，又能给游客营造一个轻松的氛围，达到放松身心的目的。这就要求导游人员准备要充分、考虑要周全、做事要仔细。

4. 行使主导权

导游人员是整个旅游活动的主导，为了使接待计划顺利进行，需要行使自己的主导权。导游人员要向旅游者展示自己的专业素养和专业能力，用实际行动取得旅游者的信任。旅游过程中出现问题，导游人员能控制住局面，旅游者才会安心并听从导游人员的指挥。

（二）导游人员要克服职业倦怠

面对工作压力、人际关系压力，导游人员容易出现工作态度懈怠、工作缺乏积极性等问题，导游人员可以从几个方面来克服职业倦怠。首先，导游人员在心理上要强化导游职业认同感，建立合理的职业期待。不要被一些导游的负面评价影响，自己要正确认识导游这个职业，它是一个拥有巨大发展空间，能为旅游者提供优质服务的职业。其次，导游人员要了解自己职业的性质和职业发展的现状，对职业发展要有心理预期，要制定合理的职业规划，不要将目标定得太高，要循序渐进，否则心理落差过大，也会产生职业倦怠。再次，导游人员要用知识和技能武装自己，成为复合型人才，多向优秀的榜样学习，如“全国优秀导游”“金牌导游”“全国导游大赛获奖者”等，他们都是导游行业的佼佼者，学习他们乐观向上的精神、敬业的态度。

子项目二　处理各种关系的技巧

项目任务 B

布置任务：

1. 全陪在巡视游客用早餐的时候，发现其他旅游团的游客都有鸡蛋，只有自己的团队没有。各小组各选出两位学员，一位扮演全陪，一位扮演地陪，现场模拟全陪该怎样向地陪反映早餐餐食标准不一的问题。

2. 小组自评，各组互评。

3. 计调经理点评。

一、地陪与全陪之间的沟通协作

全陪和地陪分别受组团社和地接社的委派，都是旅游服务的提供者，执行的是同一个接待计划，两者必须找准自己的定位，相互配合工作才能让游客满意。

地陪要清楚全陪代表的是组团社的利益，全陪的意见非常重要，会影响组团社对地接社的评价，甚至关系到两个旅行社以后的合作。行程上有什么特殊安排或者改动，地陪一定及时与全陪提前沟通，体现对全陪的尊重。当然，如果全陪提的要求不合理，地陪也要不卑不亢。要按照业内规矩办事，坚决杜绝地陪与司机串通起来欺骗全陪。

全陪接团后，要及时与地陪核对行程及购物等安排，并告知地陪如果有增加项目或更改行程，必须事先通知自己。全陪应站在游客的角度考虑问题，自己作为组团社的代表，更要维护旅行社的利益。在整个团队中，全陪应该作为组团社、游客、地陪之间沟通的桥梁，协调好三者之间的关系。

二、地陪与领队之间的沟通协作

领队是受海外旅行社的委派，与接待方的导游一起完成旅游接待计划的人员。地陪一定要重视领队提出的意见和建议，遇事要多和领队协商，尽量采纳领队的建议。旅游中的重要事项尽量让领队出面宣布,这样可以增进彼此的了解,也有利于后续工作的开展。

地陪与领队之间产生矛盾多是因为相互之间缺乏沟通与交流,为了避免此类情况的发生,地陪应主动与领队沟通,尽早消除误会,避免与领队发生正面冲突。有些领队为了讨好游客,会提出一些超出合同范围的要求,这时地陪应采取一些措施,如指出领队的建议已经超出合同服务的范围和标准,同时也要做好游客的工作,争取大多数游客的理解和同情,地陪要坚持以理服人、不卑不亢,既表明态度又不失风范。

总之,地陪与领队要尊重对方的权限范围,既维护对方的利益,又积极主动地配合对方的工作,彼此尊重、相互学习。

三、导游与司机之间的沟通协作

导游与旅游车司机的合作是十分重要的,在旅游服务中两者是协作关系。在旅游过程中,导游要倾听司机的意见,因为司机熟悉线路、经验丰富,能帮助导游更好地规划旅游线路,良好的沟通也会让司机有团队意识,两人配合默契才能更好地完成带团任务。当旅游线路发生变化时,导游要提前告诉司机。导游要协助司机做好安全行车工作,如冰雪路面要提醒司机安装好防滑链;遇到险情,由司机保护车辆和游客,导游想办法去求救。

在导游和司机出现矛盾时,要与司机私下沟通,表示尊敬的同时讲清利害关系。对于劝说无果的司机,导游可以打电话向旅行社反映情况,千万不要与司机发生正面冲突,以免影响团队的正常行程。

四、导游与旅游接待单位之间的沟通协作

旅游接待中涉及食、住、行、游、购、娱等多个环节,导游需要与旅行社、景点、酒店、购物店、娱乐场所等旅游接待单位及时沟通,保证各个环节有序衔接,顺利完成接待任务。导游要尊重旅游接待单位的工作人员,在工作上相互配合。

导游要保证各旅游接待单位之间的有效衔接,如预计第二天几点出发

到景区,导游要先和司机约定好时间,提前通知游客叫早时间、早餐时间、出发时间。这些工作只有各部门相互配合,才能有序进行,其中一环出现错误,就会耽误旅游行程。

五、导游与游客之间的沟通

导游人员要与游客和谐相处,为游客提供优质服务。首先,导游要尽快与游客熟悉起来,尽快记住游客的姓名,拉近彼此的距离。其次,导游要展现专业的讲解水平,让游客对自己产生信任。再次,当发生问题时,导游要运用专业的服务技能帮助游客。但在实际工作中,导游也要注意"群头""旅游批评家",妥善处理好与他们的关系。

(一)处理好与"群头"的关系

"群头"是旅游团队中自然产生的一个或几个"头",扮演着游客代表的角色。导游要积极争取"群头"的支持和配合,重视"群头"的意见。

(二)处理与"旅游批评家"的关系

在旅游团队中,可能会出现一个或几个以"旅游专家"自居的游客,时常用自己的标准去衡量导游服务,如打乱导游的安排、发表不切实际的看法,甚至有些人会在团队中传播一些不可靠的消息,干扰导游的正常工作。导游切记不要用语言和行动去迎合这类游客,要明确自己才是旅游团队的主导者。导游可以肯定游客建议中合理的部分,但自己作为旅游从业者,对实际情况更了解,如行程设计的可行性、科学性是严格按照旅游合同去执行的。导游要做到以理服人,体现导游职业的权威性。

子项目三　为游客提供心理服务

导游人员在带团过程中,为了给游客提供有针对性的服务,需要学习并掌握一些心理学知识,以便提升自己的服务质量和服务水平。

导游人员在与游客交流时,要从游客的言行中观察和分析游客的心理需求是什么,然后有针对性地去满足游客的需求,多给予他们情感上的关怀。游客在此过程中会感受到导游人员的专业能力,从而对导游人员更加认可。

一、多角度了解游客心理

(一)从人口统计因素了解游客心理

人口统计因素主要包括国籍、民族、性别、年龄、职业、收入、受教育程度等方面。导游人员可以根据这些因素了解游客的心理需求。

1. 区域和国籍

从区域的角度来讲,东方人和西方人在性格和思维上差异还是很大的。东方人大多矜持、内敛、含蓄,思维方式是从抽象到具体、从远到近、从大到小,表达比较委婉。西方人大多开放、外向、情感外露、注重隐私,思维方式是从具体到抽象、从近到远、从小到大,表达比较直接。了解了这些性格特点,有助于导游人员服务时对细节的把握。

从国籍的角度来讲,同样是西方人,思维方式也存在很大差异。如美国人开朗、热情、爱交朋友、不拘小节,法国人浪漫、崇尚自由,德国人严谨、踏实、勤奋。而同是东方人,日本人有强烈的集团意识、不爱给人添麻烦,韩国人注重个人形象、热爱环保,印度人积极乐观、热情幽默。

2. 性别和年龄

从性别上看,大多女性相较于男性来说,更喜欢谈论商品和购物,希望在免税店停留更长的时间;而男性购物目的性较强,大多都是速战速决。从年龄上看,老年游客希望得到更多的情感关怀,希望被尊重,不希望旅途太劳累;年轻的游客则喜欢多动多看,在有限的时间内能参观更多的景点,喜欢尝试新鲜事物。

(二)从所处的地理位置了解游客心理

我国从自然地理位置划分,分为北方、南方、东部和西部。不同地区游客的性格特点也有所不同:南方游客大多性格比较随和、谨慎、认真,他们向往北方的冰雪;北方游客大多比较豪爽、不拘小节,冬季的时候,喜欢去海南享受椰风。东部地区的经济发展迅速,因此东部地区游客的消费水平相对较高,喜欢尝试新鲜的东西,在住宿和用餐上要求较高;西部地区的游客质朴热情,大多属于"经济型"消费游客。

(三)从旅游动机了解游客心理

游客参加旅游团的动机大多是省钱、省时、省心,有游伴及安全感,当然还有一个重要原因就是导游员的讲解能满足其对知识的需求。

按照旅游动机,游客一般分为观光型、度假型、探亲访友型、商务型等。导游人员了解了游客的主要旅游动机,就可以有针对性地提供服务了,如游客此次出游的主要目的是摄影,那么导游人员就可以多从这个角度为其提供建议和服务。

(四)从性格特点了解游客心理

性格是在对人、对事的态度和行为方式上所表现出来的心理特点。游客性格不同,对同一事件的反应也有所不同。因此导游人员必须了解游客的性格特点,正确应对他们的各种反应。

1. 急躁型游客

这类游客易冲动、性格直率、抑制力差、争强好胜,情绪急躁、变化不定。对待这类游客,导游人员要控制自己的情绪,不要与之争辩,可以采用"冷却"的办法。如游客对某事不满意,导游人员可以告诉他已将此事汇报给旅行社,半个小时后会给他答复。先让游客冷静下来,再态度温和地对其解释,效果会好很多。

2. 稳重型游客

这种类型的游客不易激动,表情变化不明显,情绪相对稳定,注意力不易转移,善于忍耐。这样的游客,一般情况下不会给导游人员添麻烦,但也不能忽略他们的感受,冷落他们。相反,可以主动多接近他们,问一下他们的意见和建议，以示关心。当然，这类游客如果提出了建议，多是经过深思熟虑的，导游人员应尽量予以满足。

3. 忧郁型游客

这种类型的游客不易兴奋，情绪相对稳定，善于察言观色。这类游客比较悲观，喜欢独来独往，经常会莫名其妙地情绪低落。对待这种类型的游客，导游人员要多一些关注，适度关心，不要过分亲热，不要与其开玩笑，不要多问，注意尊重其隐私。

4. 活跃型游客

活跃型游客在旅游团队中占多数，他们愿意与人打交道，有朝气，热情、活泼、好动，有同情心，头脑灵活。当然，这类游客也容易出现粗心大意、浮躁、缺乏统一性等特点。这类游客在团队中一般很有影响力和号召力，导游人员可以多征求他们的意见和建议，并在适当场合在全体游客面前感谢他们的配合，但注意不能让其左右旅游行程，打乱日程安排，导游人员始终是团队的主导。此外，导游人员也不要和他们交往过密，否则其他游客会有厚此薄彼之感。

小思考 8－1

急躁型游客有性急、争强好胜、易冲动、情绪不稳等特点，这种说法对吗？

二、调节游客情绪

情绪是对一系列主观认知经验的通称，是多种感觉、思想和行为综合产生的心理和生理状态。在旅游行程中游客的情绪是有波动的，导游人员应该掌握一些调节游客情绪的方法和技巧，使游客的心情舒畅，团队气氛愉悦。

如果在旅游车上的时间较长，导游人员首段讲解的时间最好不要超过一个小时，要随时观察游客的状态，再决定是否继续。讲解时间过长会让游客厌烦，他们需要消化、思考和安静的时间，更多的讲解内容可以放到接下来的景区景点介绍上。旅游车行驶两个小时左右，应该找一个服务区，让游客下车去方便、活动一下，放松一下身体。如果路程较长，游客状态也很好，导游人员可以适当组织一下娱乐活动，如做游戏、唱歌等，以免游客感到无聊（一直保持一个坐姿，也容易产生不好的情绪）。

游客的情绪会根据需求是否得到满足而发生变化，所以导游人员要尽量满足他们的合理需求。

（一）旅游不同阶段的情绪调节

1. 旅游开始阶段

游客初到一地，一般都会有新奇感。但环境的变化，与导游人员和团友的不熟悉，在心理上会增加他们的不安全感。游客会观察导游人员和团友的性格，同时对于看到的新奇事物，也会表现出浓厚的兴趣，这时候导游人员要以轻松愉快的风格去讲解，耐心地回答游客的问题，满足游客求新、求奇的心理。

2. 旅游中间阶段

这个阶段是游客个性表露的阶段。随着旅游活动的开展，游客之间、游客与导游人员之间越来越熟悉，这时候游客不需再寻求安全感，而是更多地表露出自己的个性和需求，如部分游客表现出时间观念不强、丢三落四、对旅游活动要求过高、过分理想化的特点，甚至有些游客还会提出一些不友好的、带有挑衅性的问题……这一阶段，导游人员的工作最为艰巨，最容易出问题。同时，这一阶段也是考验导游人员心理素质和处理问题能力的关键阶段。

3. 旅游结束阶段

这个阶段游客主要忙于个人事务：着急买旅游纪念品，担心行李超重，在当地处理还没有解决的私事……导游人员不要在回程前夕安排过多的活动,应该给游客留出充足的时间,让游客有时间处理好自己的私事。

(二)调节游客消极情绪的方法

1. 补偿法

补偿法有精神补偿和物质补偿两种。精神补偿是针对游客不满之处,导游人员实事求是地说明实际困难,诚恳地向游客道歉。如果游客有负面情绪,可以让其适度发泄,使情绪得到缓解。物质补偿是针对旅游活动中住宿、用餐、游览项目等与旅游合同内容不符的情况,导游人员通过补差价、升级档次、赠送礼品等方式弥补游客的经济损失。

2. 转移注意力法

当游客有消极情绪时,导游人员要想办法用幽默的语言、引人入胜的故事吸引游客的注意力,让其忘掉不快,将注意力转移到有趣的事情上来,从而达到调节情绪的目的。如某位游客在规定的时间内没有赶回来,需要全车人等他十分钟,这时候如果导游人员唱两首民歌,教游客说几句当地的方言,时间很快就会过去,游客的情绪也不会有太大的波动。

3. 分析法

分析法就是帮助游客一分为二地分析消极情绪产生的原因,导游人员要从“利”和“弊”两方面去分析,多从游客的角度考虑问题,从而消除游客的不良情绪。如游客从甲地游览完毕,要到乙地游览,按照旅游计划是乘坐下午 4 点多的火车,晚上 11 点多到达。这时,游客提出要换乘汽车,那样晚上 8 点就可抵达。由于是旅游旺季,旅行社没有找到合适的旅游车前往,这时导游人员就可以向游客解释:首先,没有满足游客的要求非常抱歉,时值旅游旺季,也请游客理解。其次,虽然汽车可以节省一些时间,但因为毕竟要走夜路,安全系数没有火车高。在火车上,可以来回走动,活动筋骨,还可以打扑克,时间很快就过去了。出门在外,安全第一。相信导游人员如此解释,游客都会认可。

三、激发游客游兴

旅游活动中，导游人员要善于交际、观察，学会激发游客的游兴，使游客始终保持愉悦的心情和游览的兴致，有不虚此行之感。

（一）掌握观赏美景的方法

1. 静态观赏和动态观赏

在欣赏景物时，找到合适的审美视角，停留片刻，静静地欣赏，去感受其中的美感，这就是静态观赏。而动态观赏则是在运动中观赏景物，如泛舟湖上，观看沿岸的景色等。

2. 位置观赏

很多自然景观，都需要游客从特定的位置、角度进行观赏，才能领略其风姿，这些都需要导游人员的指导。如镜泊湖上的毛公山、三峡胜景神女峰、黄山上的金鸡叫天门等，如果游客第一次去，没有人指引、讲解，也许会错过这些美景。

3. 时机观赏

时机观赏就是掌握好时机，在最佳的季节、最好的时间观看最美的景色。春有百花，秋有月，夏有凉风，冬有雪。大自然四季的变化，呈现出不同的美景。如观看哈尔滨的冰灯，每年的12月末到次年的2月中旬为最佳观赏时间；欣赏青海湖的候鸟，最好在每年的5月；观看泰山日出，凌晨3点就需等候；观看黄山第一奇观——黄山云海，最好的观赏时间为每年的11月到翌年的5月。

4. 注意观赏节奏

导游人员要注意观赏的节奏：行程安排不能过于紧凑，否则游客会觉得走马观花，使身心不悦。导游人员要做到有张有弛、劳逸结合，有急有缓、快慢相宜。

(二)传递美的信息

导游人员要向游客传递美的信息:一些平淡无奇的景观经过导游人员生动而富有内涵的讲解,会激发游客的审美情趣;导游人员对历史古迹和历史人物的深度讲析,会激发游客的爱国主义情怀。无论观赏自然景观还是人文景观,导游人员都要尽量激发游客的想象力,让他们感受、领悟到景观的美妙之处。同时,导游人员得体的着装、合适的妆容、亲切的微笑、绘声绘色的语言,都会给游客美的享受。

此外,导游人员还可以为游客播放景区的景点录像,再现景区的全貌,让游客领略景区的整体美。还可以放一些经典的电影和音乐,激发游客的游兴。

子项目四　重点游客的接待技巧

一、老年游客的接待技巧

老年游客已经成为旅行社重点关注的对象。同时,因为老年人特殊的生理、心理需求,导游人员需要格外关注他们的反应,以便及时、准确地做出判断,给予服务。

(一)多倾注情感

大多数老年游客渴望与人交流,需要安慰和尊重。导游人员要多关心他们,对他们倾注更多的感情。如老年游客初到异地很容易出现身体不适,这时候导游人员要多关心他们,在生活上多给予帮助,让老年游客感受到导游人员的热情与体贴;再如,很多老年游客不会操作电子设备和酒店的一些先进设施,导游人员要耐心、细心地教会他们如何使用。

(二)妥善安排日程

“老年团”的行程安排上,项目不要过多,活动量不要太大,张弛有度、劳逸结合，将较长的路程，有计划地分成几个较短的路程，让老年游客既不觉得累，又能收获很多知识，尽量做到不让一个游客掉队。在不影响行程的基础上，尽量多留一些休息时间，增加去洗手间的次数，让老年游客的体力得到短暂缓解。讲解时要放慢语速，适当提高音量，重要的事情多重复几遍。

（三）多做提醒工作

在旅游过程中，导游人员要时刻提醒老年游客注意安全，做到“走路不观景、观景不走路”，遇到上山下坡、路滑不平时，更要提醒他们注意安全；重要的事情多重复几遍，如车牌号、导游人员的手机号码等；进餐厅之前，提醒他们注意不要滑倒；进酒店之前，把注意的事项再说一遍；到达景区后，提醒他们一旦走散要给导游人员打电话，原地不动等导游人员来接；反复强调注意人身和财物安全，看管好自己随身的物品，提高警惕，等等。

（四）耐心服务

对待老年游客，导游人员要更耐心地去服务。一个问题老年游客往往会问好几遍，遇到这种情况，导游人员千万要有耐心，不能表现出一丝反感，要不厌其烦地回答游客的问题。

二、儿童游客的接待技巧

近年来，随父母外出旅游的儿童逐渐增多。导游人员应掌握儿童的生理和心理特点，有针对性地为小朋友提供服务。

首先，要特别注意儿童的安全。儿童天性好动，导游人员应该用一些小技巧吸引小朋友的注意力，可以给他们讲有趣的童话故事，带他们一起做游戏，防止他们到处乱跑，出现安全事故。但要注意：不要给儿童买零食、玩具；儿童生病不能给他们用药，要尽快就医；不能带他们单独外出；不能因为儿童而冷落其他游客。

其次，多给予儿童关照。在用餐方面，导游人员可以提前准备好儿童座椅、儿童餐具；在住宿方面，家长如果提出要加儿童床，导游人员应及早与酒店联系,但提醒对方费用自理;天气变化时,提醒家长给孩子增减衣服;等等。

最后,注意儿童的收费标准。在购买机票、车票、船票、景区门票及用餐、住宿方面,儿童的收费标准是根据儿童的年龄和身高而定的。如购买儿童机票,按规定(个别航空公司不执行此规定),已满2周岁但未满12周岁的儿童,按照同一航班成人经济舱票价的50%付费,提供座位,免费享受退票和改签。购买儿童火车票,一名成年游客可以免费携带一名身高不足1.2米的儿童。如果身高不足1.2米的儿童超过一名,其他儿童则需购买儿童票。儿童身高为1.2~1.5米的,则需购买儿童票;身高超过1.5米的,则需购买全价票。

三、残障游客的接待技巧

残障游客的自尊心一般都很强,日常带队中,导游人员不要对他们过分热情。只需适时地提供服务,尽量提前做好安排。如团队中有截瘫、视力障碍(盲人)、听力障碍或语言障碍的游客,应安排其在旅游车前排就座,方便他们上下车;如果车上有听力障碍的游客,导游人员要放慢讲解的速度;尽量安排残障游客在一楼就餐及住宿,如果受条件限制,一楼没有房间,要尽量将他们安排在低楼层,最好靠近电梯口的位置,方便其进出。

课后实训

高龄老人独自出游限制多　途中遇意外谁来陪护

目前中老年人已成为旅行中的主力群体,但对于一些高龄老人来说,参团出游仍会遇到颇多问题。记者从旅行社了解到,70岁以上老人如果没有家人陪同参团,一般旅行社都无法接收。同时一旦出游过程中遇到意外,在后续的保险、陪护等服务保障方面,70岁以上老人也面临不少难题。

70岁以上老人基本无法独立参团

民政部近日发布的数据显示:截至2017年底,全国60周岁及以上老年人口24090万人,占总人口的17.3%。老年人口比例的增加,也催生了老年旅游市场的火爆,但让人尴尬的是,不少高龄老人发现,很多旅行社都无法满足他们独立参团旅游的需求。

某旅游网相关负责人表示,目前行业内大部分旅行社能够接受老年人独立参团的年龄上限是70岁,少数线路可以放宽到75岁,视旅游强度及线路自身特点而有差异。"很多旅行社在老年人报名前,都会就以往病史、身体健康状况进行详细了解,以判断是否符合线路对身体的要求,保障游客安全。老年人在报名出游时需提供健康证明,并签订免责协议。一般情况下,70岁以上老年人须有65岁以下家属陪同方可参团出游。"

北京市法学会旅游法学研究会相关人士称,对于超过一定年龄的老人参加旅游团,一些旅行社设定必须家人陪同等要求,并无法律上的依据,但旅行社该行为也并不违反法律规定,属于旅行社基于对游客的安全考虑以及自身的风险判断做出的市场行为。

保险理赔针对"高龄老人"限制较多

高龄老人出游风险相对较大,那么市场上是否有足够的保险产品供老人们选择?一位保险公司的内部人士告诉记者,现在市场上很少有专给老年人设计的旅游险。

某旅游网最新统计发现,2018年旅游意外险投保的游客人数持续增长,在理赔的金额中,医疗占比超过15%。而某旅游公司相关负责人表示,从客群看,高龄高风险人群更愿意额外选购旅游保险。但需要提醒游客的是,拿到保单要仔细阅读相关理赔条款。对"特别约定"及"免赔责任"更应注意,因为部分保险公司对"高龄老人"在部分条款理赔上会有额度的限制。

出游遇意外　陪护成难题

高龄老人,如果没有儿女陪同,一旦在旅游中意外受伤住院,谁来陪护?

业内人士介绍,此前旅游产品和保险很少提供陪护服务,因为提供陪护服务的成本是比较高的,救援公司首先有自己的护工团队,如果自己的护工团队去不了,就会请医院的护工。

某保险公司旅游意外险的理赔数据显示,意外医疗摔伤案件中,超过50%是中老年人。摔伤可能引起骨折等问题,导致行动能力丧失或受限,生活非常不便,这时就会存在看护的难题。

一些业内人士表示,针对这些高龄老人的摔伤等意外伤害类事故,会联合保险公司在"双亲游保险"中加入"健康服务保障",提供院中陪护服务、肢体辅助器具等。"这一服务适合人群为45周岁以上到100周岁的旅游人士,主要是为了解决游客因各种原因无人照顾的问题,解决其燃眉之急,加速其身体康复。"会有人协助游客办理住院手续、安排相关看护及翻译人员,保证老年游客在境外就医的便利;会提醒老年游客,遇到意外时一定要保留相应的理赔证据,这样旅行社才方便协助游客与保险公司进行沟通。

(本案例节选自人民网,2018年9月3日)

根据以上材料,分析带老年团队应注意哪些问题?有哪些带团技巧?

子项目五　排除旅游故障

旅游故障指在旅游活动中出现的差错、失误和事故。旅游故障的出现有主观原因和客观原因,需要导游人员沉着冷静地去分析,积极、主动地去解决,使行程能够正常进行下去。

一、出发前的故障

有一些故障是在行程还没有正式开始时就出现了。例如:集合前,游客打电话说家里有急事,不能如期参团;游客没有准时到达集合地点;有些游客人到了,但证件没带;上火车、轮船或飞机前,游客发现证件丢失,或者车票丢失;等等。以上故障时有发生,导游人员应如何解决呢?

针对临时有事不能参团的游客,导游人员要尽快告知旅行社,能取消的项目尽量取消,将未发生的费用退还给游客,不能取消的则如实告知,请游客理解；已到集合时间，但游客仍未到，导游人员应给游客打电话，问清情况后，酌情处理；对于没有带证件的游客，如果条件允许，可以让其家人送过来或送到旅游车就近经过的地方；临出发前发现证件丢失，可以在机场、车站补办临时身份证，保证正点出发；车票遗失的，如果有网上购买记录，可以与工作人员解释，得到谅解和允许，如果是窗口购买没有网上记录的，只能上车补票了。

二、旅途中的故障

旅途中的故障包括游客在旅游车上突发疾病，游客在车上吸烟，游客在不能停车的地方想去卫生间，游客之间发生矛盾导致争吵甚至大打出手，游客对导游人员的讲解不满意，司机对旅游路线不熟悉走错路，旅游车出现故障需要修理，途中发生交通事故等。如果途中发生以上情况，导游人员不要惊慌，要采取积极的行动，争取可以争取的力量，将这些问题逐一解决。

游客突发疾病，导游人员应将游客送到就近医院，留下全陪及其亲属照顾，自己则带领其他游客继续前行；游客在旅游车上吸烟，应立即劝阻，告知二手烟污染车厢内的空气，影响其他人健康；旅游车在高速公路行使，部分游客提出要去卫生间，导游人员要问清下一个服务区还有多长时间，为了全车人的安全，请游客暂时忍耐（当然，去洗手间的时间间隔不宜太长，两个小时左右为宜）；游客之间如果发生矛盾，导游人员应了解情况并保持中立，不要偏袒任何一方，如果劝说效果不好，在以后的行程中就应尽量将其分开，避免他们再次发出正面冲突；游客对导游人员讲解不满意，导游人员应诚恳地向游客道歉，在以后的工作中调整自己，让游客看到自己的努力和改变；司机走错路线，导游人员发现后，应及时纠正；旅游车在高速公路上突发故障，司机要打开双闪灯后将车移至应急车道，并在后方 150 米处摆放警示标识牌，导游人员要组织游客撤离到护栏以外的安全地带，酌情做出接下来的安排，是原地等待还是重新调车。发生交通事故的处理方法在项目十一中有详细介绍，这里不再赘述。

三、游览中的故障

游览中的故障主要有：提供的服务与旅游合同内容不符，如酒店降档、餐饮不达标、有遗漏的景点、购物次数过多；游客走失、财物丢失、不慎受伤等。

与旅游合同不符的项目及酒店降档可能是计调人员的工作失误，也可能是旅游旺季旅行社不得已而为之，无论哪种情况都是服务方的问题，导游人员必须马上致歉，尽快解决，能够升级的尽快升级，不能升级的要进行物质补偿；餐饮不达标的，导游人员调查清楚后，马上提升档次，达到甚至超过原有餐饮标准；对于遗漏的景点，能补上的及时补上，没有办法弥补的，需给游客补差价；购物次数过多导致大多数游客不满的，要及时根据情况做出合理调整。关于游览中游客走失、财物丢失、不慎受伤等故障在项目十一中有详细介绍，这里不再赘述。

四、返程中的故障

返程阶段的故障主要有：游客与酒店的账目没有结清，购买纪念品过多导致行李超重等。导游人员要提醒游客注意行李重量，检查行李件数，提前和酒店结清账目，以免影响出发。

排除故障需要导游人员要有全心全意为游客服务的精神，爱岗敬业、尽职尽责的工作态度。同时导游人员要会察言观色，善用心理技巧及语言技巧解决问题。

子项目六　主要服务环节的处理技巧

日常带团时，引导游客购物、向游客推荐自费项目及对特殊线路的安排等，都是游客关注和投诉的重点环节，导游人员应慎重处理。

一、正确引导购物

外出旅游，很多游客都有购物的需要。一方面，旅游纪念品是旅游经历的物化体现，游客可以自己收藏留念，也可以带给亲朋好友，很多游客期待购物并乐于购物。另一方面，游客购物对当地经济的发展也有促进作用。所以，导游人员在指导游客购物时要做到以下两点：

（一）端正动机

购物环节，首先是满足游客的需求。导游人员要将游客的利益放在首位，遵守导游人员职业道德准则，让游客信任自己，用自己的专业知识、购物经验，帮助游客买到心仪的物品。

（二）为游客当好购物参谋

导游人员应对当地的旅游商品如数家珍，熟悉大多数商品的种类、质量等，为游客当好购物参谋。如游客在选一只翡翠手镯，各方面都满意，就是手镯内侧有一道细微裂痕，拿不定主意，问导游人员的意见。这时候，如果导游人员了解关于翡翠的一些知识，就可以就翡翠的成色、种水等方面给游客专业的指导意见。导游人员专业的分析和介绍，可以打消游客的某些疑虑，帮助游客做出客观、专业、理性的选择。

二、推荐好的附加项目

无论是国内线路还是出境旅游，如果时间允许，很多旅行社都会在行程中列出一些额外付费的附加项目供游客选择，也就是“自费景点”。这些项目一般都是当地很有特色的景观，是对原行程有益的补充，也是司陪人员增加收入的合法途径。好的附加项目会使游客的行程锦上添花，令游客回味无穷、满意而归；相反，不好的附加项目会让游客不满，甚至有损导游人员的人品，严重的会影响到旅行社的声誉。

首先，旅行社计调人员要在原有行程保质保量完成的前提下，再将旅游附加项目列在其中，项目公开、费用透明，让游客明明白白消费；其次，推荐的附加项目必须有鲜明的特色、极好的口碑，让游客有“物有所值”或“物超所值”之感；再次，要征求大多数游客的意见，采取自愿原则，不能强买强卖；最后，如果游客同意增加附加项目，则需游客与导游人员签署书面协议，证明游客是自愿行为。

三、灵活安排旅游线路和时间

在不减少计划内项目的情况下，导游人员会根据实际情况灵活安排游览时间与路线。在游览时，导游人员可以遵循“先远后近、先高后低、先张后弛”的原则。“先远后近”即先走远的景点，逐步离住宿地点越来越近，这样游客在心理上会更有安全感；“先高后低”指先游玩需要登高的景点，因为行程刚开始游客的精力比较充沛；“先张后弛”指开始时可以将行程安排得紧凑一些，后面的行程可以安排得宽松一些。回程尽量不走“回头路”，可以换条路线，让游客多欣赏一些不同的景色。

一个有经验的导游人员，为了减少景区客流量过大给游客带来的不快，会反其道而行之。比如，一般团队都从景区的第一站开始走起，为了缓解人流压力，有经验的导游人员会带领游客先走最后一站，等他们回到第一站时，大部分团队早已去其他景点了。错开高峰点，导游人员能讲解得更详细，游客能游览得更惬意，达到“双赢”的效果。

导游人员要注意收听天气预报，根据天气情况，调整旅游行程。比如，上午有雨，就可以将下午的室内景点调至上午，只要能够确保整体计划的顺利完成，游客对于这种调整是支持并认可的。

项目九 导游人员的讲解技巧

学习目标

知识目标：

1. 掌握导游人员讲解的基本要求。

2. 掌握导游人员讲解常用的方法和技巧。

能力目标：

1. 能够自然、恰当地运用各种讲解方法，满足不同游客的需求。

2. 能够根据景区景点的基本素材进行设计、加工并撰写导游词。

素质目标：

1. 培养学员的语言表达能力。

2. 培养学员的沟通协调能力。

重点难点

重点：导游人员讲解的具体要求。

难点：导游人员讲解的基本技巧。

引导案例

讲好中国故事 展现专业素养

——全国导游大赛选手演讲稿(节选)

张晓旭——带着信仰在工作

小时候，我记得中央电视台有一档节目叫《正大综艺》，主持人的经典台词是“不看不知道，世界真奇妙”。那时，我的梦想就是能够走遍祖国的大好河山，看看外面的世界。所以，当年报高考志愿时，我郑重地选择了旅游管理专业。毕业后，我如愿成为一名导游员，终于有机会了解那些之前只出现在地图上，但从未踏足的地方。带着对这份工作的热爱，我在此岗位坚守了10年。面对来自五湖四海的朋友，我把最美的山西讲给他们听，无比自豪。

10年间，我未敢懈怠过。烈日下，我从未戴过墨镜与游客讲话；严寒中，我从未戴过手套为游客指引；在旅游旺季，即便嗓子近乎沙哑，也要把该介绍的内容一点不落地讲完。因为我总觉得游客来一趟山西不容易，让他们错过了任何景点，都是我的失职。我的同事说我是“带着信仰在工作”，我想不仅我一个人可以做到这些，每一位想要讲好中国故事的导游员都能做到。

在导游员岗位上,我见证着祖国的发展。时代变迁给旅游行业带来了巨大变化:我们的空调旅游巴士更加舒适安全了,高铁和飞机使出行更加快捷了,景区环境和设施更加完善了,社会服务意识大大提升了。

我不再是单纯的向导、讲解员,而是历史文化的传播者、文明旅游的倡导者、绿色环保的志愿者、游客安全的守护者。走的地方越多,我就越爱我的祖国!

郭程——一位西方学者的中国情结

故事要从20世纪60年代的巴黎说起。那时候大多数西方人对中国的认知,最多是中国的美食、美景。著名汉学家、翻译家维贝克·易德波在巴黎读大学时,有一次从路边餐馆经过,无意间听到了炒饭师傅的一句话:"带一碗沙茸茸的香肠炒饭。"他觉得特别好听,一问才知道这是"中国扬州话"。于是,她决定来中国了解这个神奇的国度。

她真的来了,而且40年间来了17次,从学说中国话,到学说扬州话,到接触扬州评话。40余年的光阴,我们可以做很多事,而她就只做了一件事,就是"传播中国文化"。她4次邀请扬州评话艺人去西方表演,让很多外国人了解了中国的扬州评话。

2018年,我有幸以导游员的身份与她相见。

我问她:"你为什么要这么多次来到中国?"她告诉我:"因为故事。我是一名汉学家,我知道中国有很古老的故事,还有很多新发生的故事。我每次了解到的故事都很有趣,也很美好。我想把这些带到西方。"

我看着她,点点头:"我们不仅有悠久的历史、灿烂的文化,更有时代的变迁、民族的梦想,世界也需要我们传播中国声音、讲好中国故事。"

曹震——努力践行行业核心价值观

我是一个土生土长的北京孩子,从事导游工作已经11年。在我大学三年级的时候,偶然听学长说,导游可以免费游山玩水,还能兼职赚到一些零花钱。于是,我考取了导游证,开始了我的导游生涯。

粗算下来,我已经走遍了祖国的大江南北,还带着游客去过世界30多个国家,离我游遍世界五大洲的梦想越来越近了。

我喜欢和游客从陌生到熟悉的感觉;喜欢与游客近距离、推心置腹交谈的感觉;喜欢游客回家后给我发来信息说,“你是我见过最棒的导游”……

作为导游人员,我们收获幸福的同时,也必须付出艰辛的劳动。

在这里,我想起了2016年我主持北京导游人员大会时的两个导游家庭。一个是我的朋友门跃和他的妈妈。阿姨心疼地问儿子:“你这么早儿出门,这么大的雾霾天,你怎么不戴个口罩啊?”门跃说:“我要是戴了口罩,讲解时游客听不清楚……”

第二个家庭,是欧洲领队杨驰一家。那天,杨驰的妻子带着5岁的儿子上了舞台,儿子捧着一个地球仪,我问孩子:“为什么要带着地球仪?”孩子说:“我在上面可以找到爸爸,我很想他……”

这些都是我们导游人员的真实生活。我们在用一言一行践行着旅游业“游客为本、服务至诚”的宗旨。我们在用心讲好每一个中国故事。

(本案例节选自《中国旅游报》,2019年10月8日)

以上导游词的动人之处在哪里?你认为撰写导游词最重要的几点是什么?

子项目一　导游人员讲解的原则与要求

项目任务A

布置任务:

1. 为学员提供一篇导游词,准备一周时间,随机抽取2~3名学员进行模拟讲解,讲解时间为4~5分钟。

2. 小组自评,各组互评。

3. 计调经理点评。

一、导游人员讲解的原则

（一）准确

准确是导游人员讲解最基本的原则，导游人员不能凭自己的主观想象去讲解。道听途说、夸大事实的讲解，一旦被游客发现，游客会质疑导游人员的人品、能力和诚信。因此导游人员必须认真准备，做到讲解准确无误，这样才能赢得游客的尊重。

首先，讲解的内容必须准确，导游人员要有认真严谨的态度，"不打无准备之仗"，事先了解和熟悉所要讲解的事物，对内容仔细核实，做到准确无误。其次，外语导游员要规范自己的发音，避免受汉语语境的影响，避免出现"家乡音"。

（二）清晰

讲解要清晰，导游人员在语言表达上要条理清晰、措辞恰当。流畅通俗的讲解，能使游客听清、听懂并领会导游词的内容及用意。导游人员要做到：语句衔接自然，用词得当，语速平缓，给游客一种轻松、舒缓的感觉。切勿用冗长的书面语、空洞的套话、华而不实的描绘及不恰当的比喻使游客感到厌烦。要尽量使用口语化的语言，连贯地表达意思，这是导游人员语言美的一个重要体现。

（三）生动

游客不愿意听照本宣科似的讲解，他们希望导游人员的讲解是生动、活泼、幽默的。导游人员应合理地运用夸张、借代、比喻、象征等修辞手法，将千变万化的景观讲得栩栩如生。同时要有表情和动作的配合，导游人员在讲解时，其神态、动作和语音语调要与讲解的内容和现场气氛相吻合，使讲解更具表现力和感染力。

（四）灵活

导游人员应根据现时的情境，灵活掌握讲解的内容和速度。讲解时，导游人员首先要用目光把游客引到要讲解的景点上，然后再及时收回目光，正视游客。同时要使用明确的指示语,如在车上可以这样说:“在你们(游客)的右边是……,你们左边的白色建筑是……”“大家看车左前方……”讲解中还需观察游客的反应。在车内讲解时应注意交通状况,适当调整讲解速度,让游客有休息和思考的时间。在讲解过程中,遇到有民俗表演或者吸引游客注意力的场景时,导游人员应灵活调整讲解内容,也可以暂停讲解。

二、导游人员讲解的具体要求

(一)言之友好

导游人员讲解时要表示出友好的态度。言语粗俗,会直接影响游客的心情,甚至引起误解、不满及争吵。文雅、谦逊的语言不仅能表现出一个人的气质和修养,也会使游客对导游人员产生一种信任感和亲切感,有利于彼此间的沟通,增进友谊。使用礼貌用语要注意对象和场景,善于把握词语的感情色彩,一般称呼语要使用得当,问候语要符合礼节,敬语要注意对象。有事多用询问、商量和请求的语气,批评时要尽可能地语气委婉。

(二)言之有物

导游人员讲解要有具体内容、具体指向,有人、有物、有景,内容充实、有说服力、不讲空话、不做空洞的词汇堆积。导游人员把讲解的内容“物化”,才能使讲解的内容长久地印在游客的脑海中。

(三)言之有据

导游人员讲解要有充分的事实依据,切忌弄虚作假、胡编乱造、张冠李戴。

(四)言之有理

所谓“持之有故,言之有理”,即立论有根据,讲话有道理。导游人员的讲解要诚实、以理服人,原因、结果要合乎逻辑,不要信口开河,否则一旦游客知道事实真相,就会觉得自己受了愚弄,导游人员在游客心目中的形象会一落千丈。

(五)言之有情

导游人员应善于通过语音、语调、表情、神态等传达情感,让游客感受到导游人员的热情、激情和友情。这样,游客在观景的同时才能有亲切、温暖的情感体验。

（六）言之有礼

导游人员的讲解要礼貌、文雅,合乎礼仪,令游客听后心情舒畅。

（七）言之有神

“言者有神”“言必传神”。导游人员的讲解要想传神,首先,其讲解的内容应具有科学性、知识性、趣味性和艺术性,其次,导游人员要善于观察游客的反应,判断所讲内容哪部分是游客喜欢听的,哪部分是他们不太感兴趣的,及时调整讲解内容。

（八）言之有趣

导游人员应善于在讲解中适时穿插一些幽默的语言、笑话和格言等,以达到活跃气氛、提高游客游兴的目的,必要时还能化解矛盾、摆脱尴尬局面。

（九）言之有喻

导游人员讲解时要适当运用比喻的手段,以熟喻生,通俗易懂,让游客能很快地理解陌生的事物。但要注意比喻要恰当,否则,以生喻生,游客可能会不知所云。

（十）言之有力

导游人员讲解时,如果要表达强烈情感,声音要有力量;在讲解结束时,声音要响亮些。

子项目二 导游人员讲解的技巧

一、善于使用副语言

副语言也称辅助语言,如音质、音量、节奏、音调、音色等,导游人员要善于运用副语言去传情达意。语言的表述有真有假,而副语言大多情况下是导游人员较为真实的情感表达，因为这些往往是潜意识下表现出来的。

（一）语调和音量

1. 语调

语调就是说话的腔调，是一句话里声调的高低、抑扬轻重的配置和变化。讲解中，一直是一个语调，会使讲解缺乏生气，让人提不起兴趣，也抓不到重点。所以，导游人员讲解时语调要富有变化、有感染力，这样游客听起来才会感到悦耳、亲切、自然。

2. 音量

音量又称响度、音强，是人耳对所听到的声音大小、强弱的主观感受。导游人员应该以情发声，音量的高低要依据讲解的内容、游客的多少和现场情况而定。音量太高，游客厌烦，感觉刺耳；音量太低，游客听得费力，对内容没有把握。音量的高低还要看具体的讲解对象和场合：如果服务对象都是老年人，音量可以适当提高；如果服务人数较少，则应适当放低音量。

小练习 9－1

镜泊湖的老发电站

我们继续前行，就能看见一座年代久远的桥型建筑。它是日伪时期建造的，是镜泊湖的老发电站。当时在建造这座电站时，日本侵略者从我国东北三省抓了两万多劳工，这些劳工没有一点生活保障，疾病、饥饿一直伴随着他们。当发电站建完的时候，两万多劳工只剩下两千余人。但是日本侵略者并没有放过他们，他们以检修电站为名，把这两千多劳工骗到大坝内，开闸放水，将他们全部淹死，妄图以这样的方式来掩盖他们的罪行。到了抗日战争后期，日本侵略者意识到自己即将战败，于是计划将这座发电站炸毁。当时在大孤山一带有一个抗日英雄叫周保中，他带领着部队连夜潜入了电站，彻底粉碎了日本侵略者的阴谋，保住了这座电站。这座电站至今仍在运行，同时它也是日本侵华的铁证。

试着用饱满的情绪讲解上述导游词，通过语调、音量的变化（气愤之处语调一定要提高），表达愤慨之情。

（二）语速和语气

语速即一段话的整体发音速度。导游人员讲解时语速要适当。语速过快，游客跟不上导游人员的思路，没等反应过来已经进入下一个主题；语速过慢，会让游客感觉导游人员没有生气，令人厌烦。导游人员的语速应该有快有慢、快慢适中，根据讲解对象和讲解内容进行调整：讲解对象如果是中青年游客，语速可略快；面对儿童和老年人，语速则要放慢一些。需要强调电话号码、集合时间和地点时语速应慢一些。

语气是导游人员讲解时在感情支配下表现出的声音形式。因为讲解的内容不同，感情的表现形式也不同，有时激动，有时愤慨，所以会出现各种各样的声音形式。但要注意，导游人员整体的语气要保持相对稳定。

小知识 9－1

一分钟最多能读多少个字

来自美国纽约的 54 岁女子 Fran Capo（吉尼斯世界纪录中说话最快的女子），能在一分钟内说出 600 多个单词，平均每秒能说大概 11 个单词。加拿大人西恩·夏农，在 1995 年以 23.8 秒背诵完《哈姆雷特》中“生还是死”的独白，入选《吉尼斯世界纪录大全》。2015 年，我国相声演员方清平在北京电视台春晚《语速达人》节目中以 20.5 秒读完 183 个字的《木兰辞》，登上吉尼斯世界纪录，刷新了之前由西恩·夏农等人创造的纪录。

（三）停顿和节奏

停顿指说话中话语的短暂停歇。导游人员讲解中的停顿一般分为语法停顿、逻辑停顿、感情停顿和生理停顿。

语法停顿是依照导游词标点符号所做的停顿。

逻辑停顿是为了突出某一语意所做的停顿。在伦敦参事会上就劳工问题演讲时，英国政治家赖白斯讲到一半，突然停顿下来，取出表，站在那儿一声不响地看着观众达 1 分 12 秒之久，其他参事员觉得很奇怪，互相看来看去，不知发生了什么事。后来大家一致认为是赖白斯忘了演讲词！就在这时，赖白斯突然大声地讲道："大家刚才所感觉的局促不安的 72 秒，就是每个普通工人垒起一块砖所用的时间。"在这里，赖白斯就是巧妙地利用了逻辑停顿，突出了演讲的主题。

感情停顿是为了某种情感或受感情的支配而做的停顿。感情停顿往往比有声语言更丰富、更深沉，令人有"此时无声胜有声"之感。

生理停顿是讲到长句时的自然换气。

节奏是自然、社会和人的活动中一种与韵律结伴而行的有规律的突变。导游人员在讲解时要注意声调的节奏、速度的节奏、导和游的节奏。声调的节奏指导游人员讲解的声音要抑扬顿挫，但又要区别于朗诵；速度的节奏是指要快慢相宜；导和游的节奏是指应当既有"导"，也有"游"，不能一直讲，不给游客欣赏、消化和想象的时间，要节奏适宜，游客才会感到轻松惬意，有更好的旅游体验。

二、导游人员讲解的方法

（一）概述法

概述法是导游人员对某一地区或者某一景点的布局、特色等基本情况进行概括性的介绍，使游客对该处有大致的了解。一般"概况"类的导游词用此种方法居多，下面以《黑龙江省概况》中的一段导游词为例：

……

黑龙江省，简称"黑"，位于中国东北部，省会哈尔滨市。我们通常把中国地图比作一只"雄鸡"，黑龙江就是这只"雄鸡"的鸡头，黑龙江省把守着中国最北和最东的边疆。黑龙江按面积是中国第六大省，总面积 47.3 万平方千米，人口约 3831 万（2011 年 11 月数据）。这里是一个多民族聚居的省份，除汉族外，还有满族、蒙古族、达斡尔族、鄂伦春族、赫哲族、鄂温克族等 10 多个少数民族。地势大致为西北部、北部和东南部高，东北部、西南部低。地跨黑龙江、乌苏里江、松花江、绥芬河四大水系，属寒温带与温带大陆性季风气候……

（二）分段讲解法

分段讲解法是将一处大景点分为前后衔接的若干部分来分段讲解，注意点面结合、巧妙衔接。首先在前往景点的途中或在景点入口处的示意图前，导游人员用概述法介绍景点（包括历史沿革、占地面积、构成部分、欣赏价值等）和主要景观，使游客对即将游览的景点有一个整体印象，然后再依据现场顺序进行讲解。同时也要注意各部分之间的关联，做到环环相扣，使游客对景点有整体感。

（三）突出重点法

突出重点法是导游人员对景点划分主次，讲解时突出某一方面的讲解方法。

1. 突出具有代表性的景观

很多景点所含景观颇多，特别是时间有限的情况下，不可能逐一参观讲解，这就需要有所取舍。导游人员应选取具有代表性的景观进行讲解，详略得当、突出重点。

2. 突出景点的与众不同之处

独具特色、与众不同的景点是吸引游客的关键，也是旅游地赖以生存的依托，导游人员讲解时应尽量突出这些地方。如在东北“雪”是非常常见的，但中国雪乡的“雪”与其他地区的“雪”有什么不同之处呢？这应该是导游人员重点讲的内容。

3. 突出游客感兴趣的内容

游客因为年龄、职业、性别、受教育程度的不同，兴趣爱好自然也是千差万别，每个人的旅游体验也就不同。即便是同一个人游览同一个景点，在不同的时间、不同心境下,旅游体验也是不同的。所以导游人员的讲解不能一成不变,要根据游客的兴趣点随时进行调整。

4. 突出“……之最”

某景点如果是此处独有,或者是世界之最、中国之最,如最大、最小、最长、最短、最古老、最新鲜等,导游人员可根据这些“之最”的景点特征,引起游客的兴趣。但一定要注意,不能只知其一,不知其二。如介绍镜泊湖的吊水楼瀑布是我国的三大瀑布之一,游客很有可能会问,那其他两大瀑布是什么呢?介绍长江是世界的第三大长河,游客可能会问,另两大长河是什么?对于这类问题,导游人员一定要提前做好功课。否则,不但起不到突出景点的作用,反而会令自己尴尬。

(四)触景生情法

触景生情法就是见物生情、借题发挥的讲解方法。触景生情贵在发挥,要自然、准确、切题地发挥,也可以依据景点景物进行合理的想象和描述,目的是利用所见景物制造意境,引人入胜,使游客产生联想,从而领略其中的妙趣。如带领游客游览牡丹江的火山口地下森林,游客可以看到珍贵的树种——云杉,导游人员在介绍云杉的分布与价值之后,向游客特别说明,这是牡丹江的市树。随后可以进一步发挥,让游客猜一下牡丹江的市花是什么,这样可以起到活跃现场气氛的作用。

(五)虚实结合法

“实”指的是景观的实体实物、背景来历和艺术价值等;“虚”指的是与景观有关的民间传说、神话故事和奇闻逸事等。导游人员讲解时应以实为主,以虚为辅。

(六)问答法

问答法是指导游人员向游客提问题或启发他们提问题,从而活跃现场气氛,激发游客想象力,促使游客与导游人员主动交流的方法。问答法主要有我问他答、他问我答、我问我答和他问他答四种常见的方法。

1. 我问他答法

在讲解过程中,为了避免唱独角戏,导游人员可以引导游客回答一些难度不大的问题,增强游客的参与感和愉悦感。如带游客去泰山的路上,导游人员可以这样说:"今天我们要去的是中国的五岳之一——东岳泰山,大家知道其他的四岳是什么吗?"引导游客积极主动参与进来。

2. 他问我答法

他问我答法就是导游人员回答游客提出的各种问题。此种方法对于新入职的导游人员来说不建议使用。导游界有句话叫"导游不怕说,就怕问"。启发游客提问,自己又回答不上来,会使自己处于尴尬的境地。对于游客提出的各种问题,即使是幼稚可笑的,导游人员也不能置若罔闻、露出轻视的表情,更不能表现出不耐烦,要善于将游客的提问和自己的讲解结合起来。需要注意的是,导游人员要把握好方向,不要让游客的提问打乱了自己的节奏。

3. 我问我答法

我问我答法是导游人员自己提出问题,自己回答的一种方法。我问我答比我问他答的节奏要快,问题要难一些,因为本不打算让游客来回答,但如果游客能很快答出,导游人员便可顺水推舟。此种方法使用的关键在于,导游人员在提问的时候要注意游客的表情和眼神,判断游客能否回答此问题,从而快速做出是否自己回答的决定。这两种方法的切换,由导游人员灵活掌握。

4. 他问他答法

此种方法一般在他问我答法中产生。当游客提出问题时,导游人员直接做出回答,或者故意先不回答,引导游客来回答。比如旅游车路过牡丹江市"下乜河"村的时候,有游客问:"外面这个村子叫什么名字?我看卫生所、农贸市场等地方到处都写着那三个字。"这时全车的游客可能都会看向车外,导游人员可以这样说:"这位先生提的问题非常好,'也'字中间少了一小竖,大家来说一说这个字的读音,我看看有没有说对的。"这时会有一些游客回答:"是读 yě 吗?""是读 niè 吗?""是读 miē 吗?"游客可能已经把正确答案说出来了。这时导游人员可以总结说:“大家非常博学,很多人已经说出了正确答案,这个村子叫‘下 miē 河’,这个词源于满语,意为水鸭子,原来这片土地未开发时都是荒草甸子,到处飞着一些水鸭子,因此得名。”这样的方法会使导游人员和游客互动起来,活跃团队气氛。

(七)制造悬念法

制造悬念法是导游人员讲解时提出有趣的话题,但故意引而不发,设置悬念,激起游客兴趣的方法,就是我们常说的“吊胃口”“卖关子”。比如导游人员问:“大家知道牡丹江这个城市名称的由来吗?”引起游客的思考,这时会有一些游客说:“是不是和牡丹花有关?”“是不是和一个叫牡丹的姑娘有关?”然后导游人员继续说:“大家说得非常好,很有想象力,其实……故而得名。”

(八)类比法

类比法就是将有共性的事物进行比较,在这里是指以熟喻生,达到触类旁通的讲解效果。在旅游活动中,不同游客对某些景点的感知是不同的。为了使游客能对所观赏的景物有正确的认知并产生美的情感体验,导游人员需要用游客比较熟悉的事物做类比。类比法主要有几下几种:

1. 同类相似类比法

此方法是将相似的事物进行比较,选取游客比较熟悉的事物作为类比的对象,使游客产生联想并快速理解。比如带领日本游客游览北京的王府井大街,导游人员可以这样介绍:这条街如同东京的银座……

2. 同类相异类比法

此方法是将种类相同但有明显差异的事物进行比较,如在规模、质量、风格、价值等方面加以类比,加深游客的印象。如带领云南丽江的游客游览山西平遥古城,就可以拿丽江古城做比较,使游客在比较中形成自己对平遥古城的独特理解和认识,加深对平遥古城的印象。

3. 时代类比法

此方法多用于讲解景观历史和历史人物,可将处于同一时期的不同国家的景观和历史人物做类比。比如，带领法国人游览故宫，讲到康熙皇帝时，由于法国游客对中国的皇帝和朝代大多概念不清，导游人员可以说：康熙与法国的路易十四是同一时代的人物。法国路易十四在兰斯加冕的前一个月，康熙刚刚诞生。路易十四登基的年纪比康熙还小3岁……这样介绍，相信游客一定听得津津有味。

（九）画龙点睛法

画龙点睛法是用凝练的词语概括景点的独特之处，给游客留下深刻印象的讲解方法。如游览青岛时，导游人员可以用“红瓦、绿树、碧海、蓝天”来概括青岛的风光；在大连游玩时，导游人员可以用“三多三少”（三多是广场多、绿地多和欧式建筑多，三少是交警少、垃圾桶少和自行车少）来描述大连的总体特征。

（十）巧用数字法

巧用数字法是一种引用具体数字精确地说明事物的形体特征、性能特点和功能大小的方法。例如，导游人员在讲解四川乐山大佛时这样介绍：乐山大佛高71米，它的头高14.7米，宽10米。头顶上每一个螺髻都可以放入一张大圆桌。他的耳朵长7米，耳朵眼里可以钻进两个人。它的脚背宽8.5米，可以围坐100多人。

导游人员讲解的方法很多，不局限于以上十种。在具体工作中，每个讲解方法也不是孤立的，而是相互渗透、相互依存的。导游人员在取众家之长的同时，也要学会融会贯通，因时、因地、因人而异，在实践中形成自己的独特风格，追求更好的讲解效果。

子项目三　撰写导游词

项目任务B

布置任务：

1. 学员自选景点，搜集素材，撰写一篇导游词并进行讲解。注意讲解的原则、方法，用PPT做辅助，讲解时间在4分30秒到5分钟。（撰写和讲解导游词评分表见表9-1）

2. 小组自评，各组互评。

3. 计调经理点评。

表9-1　撰写和讲解导游词评分表

导游词撰写及讲解评分表	**撰写（10分）** 1. 内容正确、尊重史实和现实，结构合理（3分） 2. 布局合理，结构严谨（3分） 3. 紧扣主题，特色鲜明，感染力强（3分） 4. 语言文字优美，富有文采（1分） **导游人员讲解（10分）** 1. 讲解语言流畅规范，口齿清晰（1分） 2. 仪态自然，肢体语言丰富，符合导游人员规范（1分） 3. 讲解角度新颖（1分） 4. 主题特色鲜明（1分） 5. 讲解重点突出，有层次感（1分） 6. 文化底蕴深厚，内涵丰富（1分） 7. 讲解节奏合理，节律感强（1分） 8. 语言表达能力强（1分） 9. 讲解方法和技巧运用恰当（1分） 10. 整篇讲解富有感染力、亲和力和渗透力（1分）	1. 18～20分（优秀） 2. 15～17分（良好） 3. 12～14分（合格） 4. 12分以下（不合格）	1. 时间:5分钟 4分30秒设时间提醒，不足4分30秒扣2分，5分钟到，计调经理叫停 2. PPT格式为pptx，PPT文件大小不超过20 M。学员所提供PPT统一设置为自动播放形式。所有材料均为内嵌式，不允许外嵌式链接。PPT中不允许使用音乐及视频，不允许出现非景区固有的文字或符号等信息提示

撰写导游词，首先要搜集素材，再进行创作。导游词不宜用过多的书面

化语言,要体现出导游人员的个性化特征。

一、导游词的结构

导游词是导游人员带领游客观光游览时的讲解词,是导游人员向游客介绍景点、景观的途径。导游词由引言、主体部分和结语三部分构成。

(一)引言

引言就是开场白,是导游人员在游客面前的第一次正式亮相,也是给游客留下"第一印象"的绝好机会,好的开始是成功的一半。所以导游人员应该十分重视引言的撰写。

引言包括称呼语、欢迎词和景点概述三部分。

1. 称呼语

称呼语就是导游人员对游客的称呼,如"女士们、先生们""各位团友""游客朋友们"等。亲切的称呼语可以拉近与游客的距离,使游客产生认同感。

2. 欢迎词

欢迎词是导游人员对游客表示欢迎的简短用语。首先,表示对游客的欢迎;然后,介绍自己和司机的基本情况;最后,交代一下注意事项等。(具体内容,项目五已做详细讲解,这里不再赘述。)

3. 景点概述

导游人员致欢迎词之后,要向游客简要介绍当地的概况和景点的基本情况,让游客对景点有初步的认识。

(二)主体部分

主体部分是导游词的核心,导游人员要把各个景点的具体情况向游客做详细介绍。每个景区都包含若干景点,导游人员要根据停留的时间、景点的知名度和观赏价值等,详略得当地进行介绍。主体部分重点是对景点的介绍,要注意景点之间的衔接,适当用一些承上启下的过渡语句,使讲解更自然、流畅。

（三）结语

结语就是向游客致欢送词。结语包括：简单总结景点特色，感谢游客的支持与配合，征求游客意见，送出美好祝福等。导游人员应重视结语的撰写，不能虎头蛇尾。好的结语会给游客留下美好印象，为导游人员的全程服务锦上添花。

小知识 9-2

欢送词类型

1. 告别式

“尊敬的各位团友，我们已经结束了×××的参观，现在准备去××机场了，请大家仔细检查一下自己的随身物品是否带齐。中国有句俗话，‘送君千里，终须一别’，分别就是再见的开始。下一站你们将飞往××，那的故事、人物更加生动、有趣。最后，让我们一起唱起《朋友》这首歌，为本次之行画上圆满的句号吧！”

2. 祝福式

“各位游客，不知游览完×××，您是否感受到了这里的宁静……在此，祝愿各位万事如意，事事顺意。”

3. 抒情式

“亲爱的团友，我的介绍就到这里，下面的时间留给大家在这里尽情观赏和拍照。大家看那个美丽的红蜻蜓正停落在新生的荷叶尖上，这不正应了杨万里那句名诗：‘小荷才落尖尖角，早有蜻蜓立上头。’相信大家拍出来的每一幅照片都可以当电脑桌面图片啦！”

4. 赞叹式

“好了，朋友们，今天的游览到此就结束了，通过这次游览，让我们感受到长城的魅力。长城，是中华民族的骄傲！”

5. 祈盼式

“雪乡确实是一个滑雪的理想之地。雪乡，除了有高山滑雪和越野滑雪，还有高山雪橇、狗拉爬犁、雪地摩托等，欢迎你们下次再来！”

6. 启迪式

“各位团友请看，在当年鸦片战争的古战场上方，巍峨耸立着这座我国自己设计、自己建设的世界一流的大桥，这座大桥连接着过去与未来。”

7. 反问式

“好，悬空寺的参观告一段落。古老的悬空寺留给了我们什么呢？是超凡的建筑工艺，还是人类伟大的创造精神？悬空寺难道不是我国的‘东方瑰宝’吗？”

8. 总结式

“各位游客朋友，两天的行程中，如果有照顾不周、服务不到的地方，敬请各位谅解。同时也希望您把宝贵的意见和建议留下来，以便我们在今后的工作中不断改进。预祝各位回程顺利！”

二、撰写导游词的要点

撰写导游词是导游人员的一项基本工作。怎样才能使导游词写得生动、有趣、引人入胜呢？下面重点讲解一下导游词撰写的要点。

（一）素材的积累与加工

导游人员平时要博览群书，多看历史、地理、文学和经济等方面的书籍，多关注旅游方面的信息，注意积累素材。一篇好的导游词一定是经过精雕细琢、反复锤炼的，不仅要有面的广度，还要有思想上的深度，要兼具知识性、信息性和科学性。所以撰写导游词，前期的资料收集、知识积累是必不可少的，后期的整理加工必须有前期的素材储备作为基础。

（二）口语化与趣味性

导游词的撰写要尽量少用冗长、拗口的书面化语言，多用简短、通俗易懂的口语化语句。同时，导游人员在撰写导游词时，可以适当运用比喻、拟人等修辞手法，善于运用幽默的语言，使导游词生动、有趣，有感染力。

（三）点面结合，重点突出

撰写导游词时，切忌面面俱到，泛泛而谈，没有重点。对于重点景观，要花笔墨详细介绍,对游客感兴趣的景点要做重点阐释,做到点面结合,重点突出。

(四)艺术性

导游词的艺术性体现了导游人员的文化修养和文学功底,规范的语言、幽默的风格,再加上不时地引经据典,会给游客一种轻松、愉悦的感觉。导游词的艺术性还表现在,导游人员要学会抓住游客的兴奋点,揣摩不同游客的心理活动,提供有针对性的服务,同时注意尽量避开一些较为敏感的政治性话题。导游词的内容要与时俱进,导游人员要将每一次带团的新发现、新感触融进新的导游词中,这样导游词才会越来越精彩。

三、根据团型设计导游词

团型不同,导游词的撰写自然有所差异。导游人员要根据团型特点,适当调整导游词的内容和讲解方式,不能千篇一律。下面节选几种不同类型的导游词,为大家抛砖引玉。

(一)亲子旅游团

各位大朋友、小朋友,大家好!

欢迎来到××风景区,小朋友们,你们猜猜我是谁啊?我是今天要带你们游览的导游哥哥哦!和爸爸妈妈一起出来玩一定特别开心吧?接下来的旅程将会非常愉快,但是游人非常多,所以各位小朋友要紧紧抓住爸爸妈妈的手哦,我们的家长朋友也要看好身边的宝贝们。

……

小朋友们,哥哥对你们今天在旅途中表现出来的勇敢非常赞赏。最后,祝各位小朋友身体健健康康,成绩名列前茅,生活快快乐乐。

(二)中学生研学团

各位同学,大家好!

我是本次旅行的导游哥哥。平时的学习生活一定很紧张吧?我也刚刚大学毕业,走出校门才半年,所以很理解大家在学校学习的紧张状态。今天我们就抛开书本,和导游哥哥一起融入这青山绿水、如诗如画的景色当中,彻底放松一下,你们说好不好?

……

希望导游哥哥今天的讲解,既让你们感受到了旅途的乐趣,也开阔了大家的眼界,拓展了大家的视野。希望大家在以后的学习生活中,一帆风顺。

(三)老年旅游团

各位叔叔阿姨,大家好!

我是小A,是你们的导游。你们是不是会有一点担忧,怕旅途劳累,怕自己会跟不上团队的步伐?大家放心,我们整个旅程安排得非常轻松,劳逸结合,每参观游览完一个景点后,都会给大家一些休息和自由活动的时间,所以大家尽可放心。

一会我们要去的景点是×××,各位叔叔阿姨要做到走路不观景,观景不走路。遇到上山下坡、路滑不平时,我会提醒大家,也请叔叔阿姨一定要慢行,不要着急……

(四)教师团

各位老师,早上好!

我叫小V,是××旅行社的导游员。社会上流传一种说法,不知道大家认不认同:老师医治人的灵魂,医生医治人的躯体,警察医治社会的疾病。我从小就羡慕老师,因为老师博学多才。我最怕带老师团,因为不敢在老师面前班门弄斧啊!所以我今天的压力也很大,行程中小V讲得如果不够好,望各位老师多多包涵。但同时,我觉得带老师团还是很幸福的,因为每带一次我都有所收获,我很愿意向各位学习。

今天的路线是这样安排的……

(五)女性观光团

各位女士,大家好!

迎着清晨这屡灿烂的阳光,沐浴着清凉的春风,我很荣幸能带领全车的女士一起领略××风景区。大家别看我是男孩子,但我对你们感兴趣的景点和购物环节还是很有研究的,我们旅行社的工作人员都亲切地称呼我为"妇女之友",大家可以在下面的旅途中验证一下我合不合格。哈哈,开个玩笑,接下来我们要参观的是……

(六)导游人员踩线团

各位亲人,大家好!

今天带的团有点小特别,全车都是同行,这对于我来说还真是第一次。非常荣幸担任大家的导游,大家可以叫我小B。今天看见你们,我想起了三年前第一次带团的情景,当时我的腿都抖了,讲导游词的时候大脑出现了好几次空白,今天看来都是自己吓自己,其实游客都很宽容,只要我们准备充分,用心去服务,一般是不会有大问题的。接下来……

(七)作家采风团

各位贵宾,早上好!

我叫小A,是××旅行社的导游人员,很荣幸能带领全车的作家一起领略××风景区。不瞒大家,我还是第一次带作家采风团呢,不免有点紧张。小A今天如有表述不当之处,还请大家多多原谅。

……

四、导游词范例

(一)途中导游词范例

哈尔滨中央大街概况

20年的导游生涯有喜悦也有无奈,是执着、自信、责任、担当支撑我一路走来。其实我们没有什么过人之处,我们只是旅游文化的传播者,中国故事的讲演者。我是导游员,我愿陪你们看尽大自然的鬼斧神工,我愿带你们感受世间沧桑!我是袁××,来自哈尔滨××国旅,欢迎各位的到来。

哈尔滨的中央大街是哈尔滨市最显著的标志。早年间,来哈尔滨修筑中东铁路的山东、河南、河北的劳工们驻足在这里,他们垒泥为墙,束草为棚。这条街最早叫“中国大街”。1904 年到 1905 年间的日俄战争，给这条道路带来了最初的发展机会。1924 年俄国工程师科姆特拉肖克设计并监工，仿照欧洲的修路方式，花了整整 3 年时间铺成了这条方石块路。这样的铺法坚固持久，一直沿用至今。

一条老街见证了哈尔滨的百年历史，一条街道展示了这里的古今沧桑。这里是哈尔滨的中央大街，这里有哈尔滨人独有的情怀。

（二）景点导游词范例

青岛崂山

亲爱的游客朋友们，大家好！

我叫小 A，是大家此次旅行的导游员。首先欢迎你们来到中国著名的道教名山——崂山参观游览！不知道大家有没有听过这样的一首诗：

青山碧海海波平，汗漫重游到太清。

白果耐冬多阅劫，崂山花闹紫薇明。

诗中描写的便是我们今天要游览的崂山景区。接下来就由我带领大家一起探索这个神秘而又古老的地方吧！

青岛拥有大小山峰几十座，崂山则为大自然的神来之笔，同时也是中国海岸线第一高峰，素有海上“第一名山”之称，当地有一句古语：“泰山虽云高，不如东海崂。”崂山自然景观独具特色，山海相连，海天一色，自古备受帝王将相、文人雅士、明道高僧之推崇。如今的崂山也被评为国家 5A 级旅游景区。

现在我们位于崂山南线上的著名景点太清宫，它是崂山历史最久，规模最大的一处景观。

说着说着，我们现在就来到了太清宫门前，一会我们从东门进，西门出，全程不走回头路。由于正值旅游旺季，景区大、游人多，请大家互相提醒，跟着小 A，以防走散。

各位游客，崂山太清宫景区我们就游览到这里，崂山的传说还有很多，崂山的美景数不胜数，希望我的讲解使您对崂山有了更多的了解，期待您的下次光临！

漠河北极村

“红橙黄绿蓝，美丽的欧若拉，爱就在心中，相信就是永远。”游客朋友们知道我唱的《欧若拉》中欧若拉的意思吗？（停顿）欧若拉是拉丁语，译为北极光，是罗马神话中掌管黎明、曙光，代表希望与盼望的女神。欢迎各位来到中国最北端、纬度最高、唯一可观赏到北极光和极昼现象的北极村。我是大家本次旅行的导游员韩×，大家可以叫我小韩。

迎着灿烂的朝阳，沐浴着清爽的晨风，我们的旅途即将开始了……

到了中国的最北端，想必大家最想看的就是极昼和极光了。每年夏至前后，这里有近20个小时的白天。夜晚向北眺望，天空泛白，恍若黎明，这就是极昼现象。冬季，在漠河上空的北面，经常会出现绚丽多彩的北极光。北极光开始出现在北边，是一个由小至大、颜色变幻不定的光环，光环慢慢移向东边，由大变小，逐渐消失，是难得一见的奇景。在这里，适时停下脚步，陪最爱的人一起亲近自然、享受生活，是不是一种幸福的体验呢！

……

北极村已不仅仅是一个历史悠久的古镇，它已成为一种象征，一个坐标。每年都会有世界各地的旅游爱好者慕名而来，美丽的北极村已走向了全世界。

思考题

1. 导游员讲解的基本要求有哪些？

2. 导游员讲解的常用方法有哪些？

模块四 应变能力训练

项目十 游客特殊要求的处理

学习目标

知识目标：

1. 掌握游客特殊要求处理的原则。

2. 掌握游客特殊要求处理的方法。

3. 游客投诉的原因、心理及处理办法。

能力目标：

1. 能运用一些技巧处理游客在餐饮、住宿、购物及娱乐等方面的特殊要求。

2. 能够处理好游客投诉。

素质目标：

1. 增强学员的服务意识。

2. 培养学员独立处理问题的能力。

3. 培养学员的语言表达能力。

重点难点

重点：游客特殊要求的处理原则。

难点：游客在餐饮、住宿、购物及文娱活动等方面的特殊要求包括哪些。

引导案例

旅游行业亟待建立标准化治理机制

标准化作为一种现代管理手段，应该将质量等级标准作为一个衡量的“门槛”，有进有出、能上能下。如何建立规范化、常态化的“标准化治理机制”是当前旅游行业管理亟须解决的关键性问题。

近年来，旅游行业质量监管全面加强，在旅游产品、服务质量、市场秩序等方面，从国家到省、市（县）各级政府和旅游主管部门都采取了各种积极措施和手段，对旅游景区、旅游饭店、旅游度假区、旅行社等领域加大了监督管理力度，通过明察、暗访、约谈和监督整改等，提升产品和服务质量，保障旅游市场的健康秩序。

经过40多年的发展，我国旅游业在很多方面取得了举世瞩目的成就，当前发展的主要任务已由早期的数量扩张转化为内涵式发展和高质量发展、提质增效和解决旅游发展不平衡不充分矛盾。建立有进有出、能上能下的常态化标准化治理机制，则成为实现旅游业内涵式发展和高质量发展的重要手段。

标准化是实现产品和服务质量管理的重要手段。我国旅游业发展过程中，标准化建设由来已久，许多细分领域包括旅游饭店、民宿、旅游景区、旅游度假区、旅游车船服务、自驾游服务和露营地建设、工农业旅游示范点、温泉旅游等，都建立了质量等级划分和评定、认定的标准。长期以来，虽然我国旅游行业的标准化体系一直在不断完善，而与之对应的标准化治理机制却一直没有真正建立起来。

“标准化体系”和“标准化治理机制”是两个不同概念。“标准化体系”建设针对的是质量等级划分和评价体系内容、规则等问题，而“标准化治理机制”建设解决的是标准的实施过程和管理手段问题。多年来，由于行业发展阶段性特征有所不同，标准化体系建设前期阶段主要服从旅游产业发展规模扩张的诉求，旅游饭店、旅游景区、度假区等级评定往往成为投资主体规划设计、建设和“名分”晋升的标准，而地方政府和主管部门则将其作为推动工作抓手。因此，“创建”“争创”经常会成为地方参与某项等级评定的工作前奏。而一旦“创建”“争创”成功则一劳永逸，长期坐享名号，重创建、轻管理成为一种常态。

当前，我国旅游业发展进入了新的历史时期，内涵式发展、高质量发展成为旅游业发展的主要诉求，而标准化建设也由早期的“标准化体系”建设转化为“标准化治理机制”建设阶段，即在标准化内容体系的基础上，进一步建构行业标准的贯彻实施、评价认定、监督管理、处罚惩戒等的规制化、常态化机制。标准化作为一种现代管理手段，应该将质量等级标准作为一个衡量的“门槛”，有进有出、能上能下。很明显，目前这种“标准化治理机制”主要还是靠主管部门特定时段的集中检查行动来进行动态管理。因此，如何建立规制化、常态化的“标准化治理机制”是当前行业管理亟须解决的关键性问题。

首先，“标准化治理机制”应该是一个社会化的治理机制，要发挥政府和主管部门、行业协会、第三方机构、旅游消费者的作用，建立政府主导、行业自律、第三方检查、消费者监督的联动机制，让每一个主体都能够在标准化治理中发挥现实作用。其次，要提高经营主体的标准化意识，行业标准不仅是硬件建设标准，更需要长期一贯坚持的产品和服务准则，经营者在日常经营活动中要时刻绷紧标准弦、把好质量关，让与自己匹配的质量等级标准成为经营管理、产品生产、对客服务的行为准则，把标准作为企业生存和发展的生命线。再次，标准化等级评定、认定和惩戒处罚要作为行业管理的常态化行为，不能以集中检查和暗访行动代替常态化管理。要让经营者知道，现阶段的摘牌、降级、限期整改等处罚并不是“杀鸡儆猴”的阶段性行为，而只是常态化管理的开始，定期或不定期地明察、暗访、抽检将成为旅游业标准化治理机制的基本手段，让企业的质量坚守由不敢松懈、没有机会松懈到不愿松懈、不会松懈。

总之，我国旅游产业发展正在由数量扩张向内涵式发展、高质量发展转变。以质量等级划分、评定为标志的旅游标准化体系已经初步建立，以此为基础的旅游标准化治理机制也将逐步走向完善，必将对我国旅游产业内涵式发展和高质量发展产生重要推动作用。

（以上材料来源于《中国旅游报》，2019 年 10 月 25 日）

根据以上材料，谈一下导游人员在处理游客特殊要求时，应该按照标准化，还是个性化的方式处理。

子项目一　游客特殊要求的处理原则

游客的特殊要求指在旅游过程中，个别游客在原计划之外，临时提出的特殊要求。游客的特殊要求是各种各样的，时间上具有随机性，导游人员要及时、灵活地进行处理，这是对导游人员处理问题能力的考验，同时也是检验导游人员服务质量的重要标准。游客提出的要求有些是合理的，有些是不合理的，无论什么样的问题，导游人员都应给予足够重视，妥善处理，力求得到游客的理解与支持。在处理游客特殊要求时，要遵循以下原则：

一、符合法律法规的原则

处理游客的特殊要求，首先要符合法律法规的规定。导游人员一定要了解《中华人民共和国旅游法》《旅行社条例》《导游人员管理条例》等相关规定，在法律允许的范围内进行处理，如果与法律法规内容相悖，则应果断拒绝。

二、尊重游客的原则

导游人员要尊重游客，做到“游客至上”，让游客有宾至如归的感觉。在游客心目中，导游人员是他们花钱聘请的为他们服务的人，因此在心理上往往有优越感。游客提出的要求有些是合理的，导游人员能办到；有些是不合理的，导游人员根本无法解决。无论面对哪种情况，导游人员都应礼让三分，不要与之争高下。一名优秀的导游人员应该始终以热情、礼貌的态度为游客服务，只有尊重游客，才能赢得游客的尊重。

三、合理而可能的原则

游客所提的要求无非是“不合理也不可能”“合理但不可能”“合理也可能”三种情况：对于第一种情况，尽管导游人员无法满足其要求，但也要微笑对待，有理有据地耐心解释；对于第二种情况，导游人员首先要肯定游客提出要求的合理成分，再晓之以理、动之以情地说明无法办到的原因；对于第三种情况，导游人员通过努力可以为游客解决的问题，一定尽量为游客解决。

四、公平对待的原则

导游人员对待所有的游客都要一视同仁，无论国籍、肤色，无论社会地位高低、经济实力强弱，无论年长年幼、男性女性，无论健康还是残疾，都要做到热情服务，避免厚此薄彼，亲疏有异。

五、维护尊严的原则

团队中，如果有游客要求导游人员做出违反职业道德的事情，导游人员必须不卑不亢，坚决予以驳斥和拒绝，维护自己的尊严。若个别游客的无理取闹影响了团队的正常活动，导游人员可以请领队出面协助解决。确实有困难无法解决时，导游人员应向旅行社领导汇报，请其协助解决。

子项目二　餐饮方面特殊要求的处理

项目任务 A

布置任务：

1. 游客因与其他团友发生矛盾，要求单独用餐。小组随机抽取一名学员模拟导游人员进行现场处理。

2. 小组自评，各组互评。

3. 计调经理点评。

民以食为天，旅游六要素“食、住、行、游、购、娱”中，第一要素便是“食”。游客口味各不相同，在餐饮方面往往会提出一些特殊要求，导游人员对此可以采取以下方法进行处理：

一、要求单独用餐的处理

游客要求单独用餐时，导游人员要问明原因，视情况而定：如果是因为游客与其他团友产生矛盾，导游人员应请领队帮助调解，尽量一起用餐，如果游客坚持单独用餐，导游人员应向游客讲清楚，单独用餐费用自理，原餐费不退。如游客因外出活动、探亲访友或身体不适，提出单独用餐，导游人员应同意其要求，但原定餐费不退。

二、要求在客房用餐的处理

游客因为身体不适要求在客房用餐，餐厅也能提供此项服务，导游人员可以满足游客的要求，但须向游客讲清楚餐厅额外收取的服务费需要自理。导游人员空闲时间应去游客房间慰问一下，嘱咐其按时吃药、好好休息，以示关心。

三、要求换餐的处理

游客提出换餐时，导游人员需提前告知：首先，放弃团餐至少提前三个小时提出，有的能全额退款，有的需要支付一定的补偿金，或全额支付餐费。

其次,导游人员可以帮助联系换餐的餐厅,但费用需要游客自理。

四、特殊饮食要求的处理

由于宗教信仰、民族习俗、个人饮食习惯等原因,有些游客会提出一些特殊要求,如不吃辛辣、高糖、油腻的食物,或者不吃米饭、香菜、葱等。这些特殊的要求,游客在报团时就和工作人员提出了,旅行社已经早做安排,导游人员只需按合同办理即可。对于游客临时提出的要求,导游人员需酌情处理。一般做法是,游客提出要求,导游人员和餐厅联系,尽量给予满足。如果无法满足,应向游客说明情况,建议自行点餐,费用自理。

五、要求推迟用餐的处理

游客提出推迟用餐,导游人员要视餐厅的情况而定:如果延迟时间不长,可以与餐厅协商;如果推迟时间较长,厨师已经下班,可以合理拒绝。

子项目三 住宿方面特殊要求的处理

项目任务 B

布置任务:

1. 游客与室友发生矛盾,原因是游客 A 有早起习惯,影响游客 B 休息,B 要求住单间。小组随机抽取一名学员模拟地陪,进行现场处理。

2. 小组自评,各组互评。

3. 计调经理点评。

随着人们生活水平的提高,游客对住宿的要求也越来越高。游客在住宿方面的特殊要求及处理方法如下:

一、要求单独住宿的处理

旅游团一般为游客安排的房间多为标准间或者三人间,但游客因为住宿习惯或者与室友发生矛盾,要求住单间。此时,导游人员应请领队出面帮助调解,最好能在内部进行协调。如果协调不成,在饭店有房间的情况下,可以满足游客的要求,但要和游客说明,单间房费自理,原支付的房间费用不退。

二、要求更换房间的处理

游客提出更换房间的原因一般为:房间不干净、房间设施损坏、房间朝向不理想、房间的标准太低等。

如果房间不干净,游客发现有蟑螂、臭虫等,导游人员应满足游客要求,让服务员打扫、消毒,必要时更换酒店,达到游客满意。

房间内的设备设施损坏,无法正常使用,导游人员应立即联系酒店工作人员来维修,如短时间内不能修好,应为游客更换房间。

遇到有游客要更换房间朝向的,导游人员应和游客耐心解释,请其尽量克服。如确有特殊情况,酒店又没有空房可以更换,可请领队协助,内部协调。

游客如果要求更换高于合同标准的客房,导游人员可与酒店联系,给予满足,但要告之相关费用自理。

三、要求更换酒店的处理

游客要求更换酒店的原因一般是酒店星级标准低于合同上的标准,或者酒店存在严重安全与卫生问题,导游人员应马上联系地接社,由地接社负责联系调换。如果因为旅游旺季或者交通不便等原因更换酒店确实有困难,导游人员应向游客耐心解释,提出补偿条件,求得游客谅解。

四、要求购买酒店物品的处理

现代化酒店房间内的物品很多都是专门定制的,在市面上很难买到,游客如果看中了房间内的物品想要购买,导游人员可以帮助联系,尽量满足游客要求。

小思考 10-1

同一房间的两名游客,如果一人睡觉打呼噜,另一人因此无法入睡,提出住单间。单间费用应由谁来支付？说出理由。

子项目四 购物方面特殊要求的处理

旅行社为了满足游客的购物需求，一般在行程中都会安排合理的购物环节。有些游客在购物过程中会提出一些特殊要求，导游人员要耐心予以解答，尽量予以满足。游客在购物方面的特殊要求主要有以下几种：

一、要求单独外出购物

游客在自由活动时间要求单独外出购物，导游人员要给予帮助，当好购物参谋，指明交通路线，提醒注意事项。如果旅游团即将离开本地，导游人员要劝阻游客单独外出购物，以防在规定时间内无法赶回来。

二、要求退换商品

导游人员应该提醒游客：路边的商品质量和退换货服务都得不到保证，要谨慎购买；在正规购物店购买物品，要保留好购物小票，不要扔掉商品的外包装并保持商品的原样，方便退换。游客如果对买回的商品不满意，要求导游人员帮忙退换，导游人员应该积极帮助联系，必要时陪同前往。

三、要求重返商店购物

游客如果在购物店选购商品时没有购买，事后想返回购买心仪商品，导游人员可以告诉游客购物店地址和交通路线，游客在自由活动时可以自行前去。如果不是易碎或贵重之物，游客也可以给购物店打电话，让其帮助邮寄。

四、要求购买古玩

对于一些想购买古玩的游客，导游人员应提前告知国家关于古玩购买的相关规定。提醒游客去正规的古玩商店购买，保存好发票，不要把物品上的火漆印去掉，以备海关查验。携带出境时，必须向海关申报，不据实申报的，海关会按规定处理。如果发现游客有走私文物的可疑行为，导游人员要及时报告有关部门。

五、要求购买中药材

对于一些想购买中药材的游客，导游人员应提前告知海关的相关规定。《中华人民共和国海关对旅客携带和个人邮寄中药材、中成药出境的管理规定》：旅客携带中药材、中成药出境，前往港、澳地区的，总值限人民币一百五十元；前往国外的，限人民币三百元。个人邮寄中药材、中成药出境，寄往港、澳地区的，总值限人民币一百元；寄往国外的，限人民币二百元。（上述以正规法定商业发票所列价格为准）另外，麝香不准携带或邮寄出境。

六、要求代托运物品

一些游客预购买大件物品，想请导游人员代办托运。一般情况下，导游人员应告知大件商品购物店都提供快递和托运服务，购物后可直接自行办理，留好相关票据以及购物店的联系方式即可。

游客想买某物品，但当时无货，想请导游人员代为购买并托运，导游人员一般应婉言拒绝，可以建议游客与购物店直接联系，办理相关事宜。

小知识 10－1

中华人民共和国禁止进境物品表

1. 各种武器、仿真武器、弹药及爆炸物品。

2. 伪造的货币及伪造的有价证券。

3. 对中国政治、经济、文化、道德有害的印刷品、胶卷、照片、唱片、影片、录音带、录像带、激光视盘、计算机存储介质及其他物品。

4. 各种烈性毒药。

5. 鸦片、吗啡、海洛因、大麻及其他能使人成瘾的麻醉品、精神药物。

6. 带有危险性病菌、害虫及其他有害生物的动物、植物及其产品。

7. 有碍人畜健康的、来自疫区的及其他能传播疾病的食品、药品或其他物品。

子项目五 文娱方面特殊要求的处理

作为旅游活动中一种放松形式，文娱活动越来越受到游客的欢迎。如去东北看二人转、去北京看相声以及在某些城市看张艺谋导演的实景演出等，这些都是深受游客喜爱的文娱活动。有些活动是计划内安排的，也有一些是游客要求自费参加的，无论何种形式，导游人员都应尽量满足。

一、要求调换计划内的文娱活动

如果游客想更换计划内的文娱活动，导游人员应视情况而定。如果是全团游客提出的要求，导游人员应与地接社的计调联系，看看能否换票，同时请全体游客签署自愿更换文娱活动的书面协议。如果无法调换，应和游客耐心解释，请其谅解。如果是部分游客提出更换节目，其余游客不变，全陪和地陪可各带一队前往，但如果产生额外费用，需游客自理。

二、要求增加计划外的文娱活动

游客要求自费增加计划外的文娱活动，导游人员要予以协助，如联系购票，安排交通工具等。必要时，也可陪同前往。

子项目六 游客要求自由活动的处理

旅游活动中，游客有自由活动的时间，但有些游客因为种种原因要求在集体活动的时间自由活动，导游人员应视具体情况做出合理安排。

一、允许游客自由活动的情况

游客因多次来过本地，游览过某些景点，不想再重复游览，希望自由活动。如果游客的要求不影响整个行程，导游人员可以同意，但要提醒游客：注意安全，带好酒店的联系卡，在约定时间内返回；告知用餐的时间和地点，以便归队用餐；告诉游客自己的电话号码和微信，方便联络；游客未享受的综合服务费不退,景点门票按实际发生情况处理(有些景点预先购票,无法退换);自由活动增加的各项费用自理;自愿放弃的行程,游客需签署书面协议。

到达景点后,游客希望按照自己的喜好游览。如果景区不太大、游人不太多、交通也便利,导游人员可以同意,但提醒对方一定在规定时间到达指定地点。

二、不允许游客自由活动的情况

当出现以下情况时,导游人员不宜让游客自由活动:

1. 旅游团即将离开本地时,游客自由活动可能无法及时赶回,造成误机(车、船),或者游客提出不随团出发,继续留在本地,如果没有特殊原因,导游人员应劝其随团活动。

2. 游客要去的地方治安混乱,有一定的危险性,导游人员要努力劝其不要单独活动。

3. 游河(湖)时,游客提出划小船、租快艇或在非游泳区游泳的要求,导游人员要及时劝阻这些有危险性的活动。

4. 游客要求去不对外开放的景点参观游览,导游人员要告知这些地方是明文规定不允许参观的,不能答应此类要求。

子项目七　其他方面特殊要求的处理

一、游客要求探视亲友或亲友随团活动的处理

很多游客在旅游的同时想借机探视一下本地的亲友,导游人员可以设法满足其要求并给予一定协助。如果探视亲友时间不是自由活动时间,需要游客签署离团申请,外出期间的安全问题自己负责。

游客有时也会提出希望其亲友随团活动的要求,导游人员应设法满足。具体的做法是:首先,确定车上有空位,不影响其他游客;其次,征求领队和其他游客的同意;最后,与旅行社联系,为其亲友办理参团手续、收取团费。

二、游客要求转递物品的处理

游客要求旅行社或者导游人员帮助其向有关部门或者亲友转递物品时,导游人员应视情况而定。

一般情况下,导游人员应建议游客将物品亲自交到亲友手上,或者亲自去托运、快递。如确有困难,导游人员可以协助,但要看转递物品的属性:如果是应税物品,应让其纳税;如果物品中有食品,应婉言拒绝,请其自行处理;如果是贵重物品,一般须拒绝,无法推托时应请示旅行社,在旅行社授意的情况下,让游客写委托书,写明物品的名称和数量,当面点清,游客签字并留下收件人和委托人的电话及详细地址,收件人收到物品后要写收条并签字(盖章),然后导游人员将委托书和收条一起交由旅行社保管。

小思考 10 – 2

一名外国游客离境前,请导游人员将一盒精美的巧克力转交给他在当地的朋友,导游人员应请旅行社代为转交?婉言拒绝?欣然同意?还是设法让游客自己转交,为什么?说出理由。

三、游客要求中途离团或延长旅游期限的处理

(一)游客要求中途退团

游客如果因一些特殊原因需提前返回,导游人员应及时报告旅行社,尽量给予帮助。未享受的综合服务费,按规定退还游客。

如果游客没有特殊原因,只是因某个要求没有得到满足而提出提前离团,导游人员需要同领队一起做好说服工作,劝其继续随团活动;若劝说无效,游客执意要求退团,导游人员可满足其要求,但要签署自愿退团协议,并告知未享受的综合服务费不予退还。

若遇严重的自然灾害,部分游客要求提前离开的,导游人员不要贸然做任何决定,应立刻打电话给旅行社,一切听从旅行社的安排。

（二）游客要求延长旅游期限

旅游团的游览活动已经结束，部分游客因伤、病等原因要求延长在某地的停留时间，导游人员应协助其办理相关手续，必要时前去探视，帮助其解决生活上的困难。

国内游客想延长旅游期限，需另签合同。外国游客如果提出此类要求，若不需延长签证，旅行社一般可满足其要求并提供必要的帮助。若需要延长签证，原则上应委婉拒绝。

子项目八　游客投诉的原因、心理与处理办法

项目任务C

布置任务：

1. 学员模拟全陪，发现午餐标准与旅游合同不符，少了两道菜品，如何与地陪沟通。

2. 小组自评，各组互评。

3. 计调经理点评。

旅游投诉指旅游者认为旅游经营者损害其合法权益，请求旅游行政管理部门、旅游质量监督管理机构或者旅游执法机构（以下统称“旅游投诉处理机构”）对双方发生的民事争议进行处理的行为。本项目主要分析旅游者提出投诉的原因、心理和导游人员的处理方法。

一、游客投诉的原因

（一）主观因素

主观因素指因服务人员的服务能力、意识、态度引起的旅游投诉，就是导游人员缺乏良好的职业素养，服务不到位，为游客提供服务时出现差错，引起游客的不满。如讲解质量差、对游客不尊重、不能一视同仁、随意增加购物次数、销售假冒伪劣商品、随意取消景点、业务不熟练、处理问题应变能

力差等，都是构成投诉的原因。

（二）客观因素

客观因素即除主观因素外，由其他原因造成的投诉。与主观因素相比，客观因素更加不可控。

二、游客的投诉心理

（一）被尊重心理

被尊重是人们最普遍、最基本的心理需求之一。游客求尊重的心理是十分普遍的。在带团过程中，导游人员应尽量对游客提出的问题、反映的事情给予礼貌的回答，让游客有被尊重感。游客认为自己投诉事实清晰、理由充分，应该得到接待人员的信任、尊重、同情和支持。

（二）宣泄心理

宣泄指当一个人遇到某种挫折时，把由此而引发的悲伤、懊恼、愤怒和不满等情绪痛痛快快地“发泄”出来的一种心理调节方法。宣泄心理是一种较为简单的投诉心理，导游人员应运用恰当的方法，及时给予安抚和疏导，从而快速解决投诉问题。

（三）补偿心理

旅行过程中，因导游人员服务质量差或旅游企业未按旅游合同办事，使游客遭受物质上的损失或精神上的伤害，游客就会通过投诉来获得经济上的补偿，得到心理上的满足。补偿是人们在不能以特定的对象或特定的方式来满足自己的欲望、表达自己的感情时，改用其他的方式来使自己得到一种替代性的满足或表达。这种补偿可能是物质上的，如退还一定费用；也可能是精神上的，如希望导游人员向其道歉。

三、游客投诉的处理

（一）口头投诉的处理

口头投诉指游客以面对面或者打电话的方式向导游人员或者旅行社提

出投诉。一般口头投诉通过导游人员和旅行社就可以解决。处理方法大致如下：

1. 耐心倾听，做好记录

游客口头投诉时，导游人员应单独接触，尽量避免影响其他游客，或遭到其他游客的围观。如果是集体投诉，导游人员应要求派出游客代表。处理游客投诉时，导游人员一定要认真倾听游客的全部意见，即使中间有很多不合理的要求，也不要打断游客。可以拿出笔和纸，边听边记录，让游客看到导游人员对他提出问题的重视程度，文字记录也是导游人员确定投诉要点和解决投诉问题的依据。处理投诉时，导游人员要站在游客的立场上，对其表示同情和理解，等游客讲述完毕，简要重复游客所说的关键问题，并以关切的语气适当提出问题，以示自己在用心倾听并努力解决问题。

2. 真诚道歉，耐心解释

无论投诉合理与否，导游人员都应表现出礼貌、热情、友好的态度，尊重他们的意见，耐心解释，向他们表达诚恳的歉意。对一些超出导游人员能力范围的问题，导游人员不应急于表达处理意见，做出盲目承诺，而应在请示有关部门后做出答复。

3. 迅速调查，快速回复

对于需要进一步调查了解的投诉，导游人员要迅速对事件进行调查、核实，并将调查情况汇报旅行社，再将旅行社的处理意见及时反馈给游客。如果游客对旅行社的答复不满意，导游人员应建议双方协商解决，必要时旅行社领导可亲自出面。协商一致后，双方应写好书面协议，各执一份，防止日后出现纠纷。

4. 感谢游客，继续服务

游客提出投诉，导游人员要本着“有则改之，无则加勉”的态度积极应对，并以此发现工作中的不足。投诉可以鞭策导游人员不断提高服务质量，导游人员要正视游客的投诉，改正游客指出的不足。投诉解决后，导游人员应继续热情地为游客提供服务。

小知识 10－2

热线 12301

12301 是国家旅游服务热线，通过全媒体（包含语音、微信公众号及城市服务、支付宝城市服务、12301 网站、国家旅游局官网——我要投诉举报等在线服务渠道）交互的方式，为广大游客提供旅游咨询和投诉服务，提升游客的旅游体验。

2015 年 9 月，12301 国家智慧旅游公共服务平台（12301 平台）正式运营，这是连接旅游出行者、从业者和监管者的具有公信力的服务聚合平台，是国家部委中第一个以 PPP 模式构建的国家级旅游公共服务平台。游客通过 12301 语音电话、12301 微信公众号、微信城市服务、支付宝城市服务、国家旅游局官网等，均可在全球范围内获得 7×24 小时旅游咨询与投诉服务。12301 国家旅游服务热线还与国内部分省市的 12315、12345 和 12308 热线实现信息共享，保护旅游消费者的合法权益。

（二）书面投诉

书面投诉指游客将投诉的内容以书面文字的形式投诉到所在地的旅游投诉处理机构，旅游投诉处理机构会根据投诉内容及时把书面投诉书转给相关旅游投诉处理机构，由旅游投诉处理机构调查核实，做出处理决定。处理程序大致如下：

1. 被投诉者做出答复

旅游投诉处理机构做出受理决定后，通知被投诉者，被投诉者应在接到通知之日起 30 日内做出书面答复。书面答复内容主要有：被投诉事由、核实过程、基本事实与证据、责任及处理意见。旅游投诉处理机构应当对被投诉者的书面答复进行复查。

2. 调解

调解指旅游投诉处理机构主持投诉与被投诉双方通过和解解决纠纷，达成协议的行为。能够调解的，旅游投诉处理机构在查明事实、分清责任后进行调解，促使双方互相谅解，达成和解协议，但必须双方自愿，不得强迫。

3. 投诉处理决定

旅游投诉处理机构经过调查核实，认为事实清楚、证据充分，依据现实情况，做出以下几种决定：

(1)属于投诉者自身的过错，可以撤销立案，通知投诉者并说明理由。对投诉者无理投诉、故意损害被投诉者权益的，可以责令投诉者向被投诉者赔礼道歉，或者依据有关法律、法规承担赔偿责任。

(2)属于投诉者与被投诉者的共同过错，应由双方各自承担相应的责任。双方各自承担责任的方式，可以由双方当事人自行协商确定，也可以由投诉处理机构决定。

(3)属于被投诉者的过错，应由被投诉者承担责任。责令被投诉者向投诉者赔礼道歉或赔偿损失及承担全部或部分调查处理投诉费用。

(4)属于其他部门的过错，则转送有关部门处理。

4. 旅游投诉处理决定书

旅游投诉处理决定书指旅游投诉处理机构对投诉做出处理决定的书面文书。如果投诉者或被投诉者对处理决定或行政处罚不服，在接到决定书之日起 15 日内，向上一级旅游投诉处理机构申请复议；对复议决定不服的，在接到决定之日起 15 日内，可向人民法院起诉。逾期不申请复议，也不向人民法院起诉，又不履行处理决定和处罚决定的，由做出决定的投诉处理机构申请依法强制执行。

思考题

导游人员处理口头投诉的方法有哪些？

课后实训

处理旅游投诉

案例一

游客王某与某地某旅行社签订赴某景区滑雪的旅游合同,约定旅行社7时30分派车到指定地点接王某,但直至9时车仍未到。王某与旅行社联系,旅行社只是让其等待,未说明原因也未派车接王某。

案例二

游客姜某入住某宾馆1204房间后,发现客房内有蟑螂。受到惊吓的姜某当即向宾馆提出要求调房。宾馆服务人员不仅不表示歉意,不给其调房,而且态度蛮横。

案例三

游客刘某参加某地某旅行社组织的某景区4日游。旅行社擅自降低住宿标准,导游人员态度冷淡,不做任何讲解。第二天,旅行社不负责任地将刘某等游客"拼"到另一旅游团后撒手不管。

案例四

游客梁某反映,某处滑雪场收费"内外有别":当地游客一天80元,外地游客每小时100元,且需预支2个小时费用,王某大为不满。

根据本项目所学内容,分析以上旅游投诉案例,找出游客投诉原因,并提出正确的解决办法。

项目十一 旅游事故的预防及处理

学习目标

知识目标:

1. 掌握错接、漏接、空接概念。

2. 熟练掌握各种人为事故的预防及处理。

能力目标：

1. 旅游中突发事故的处理能力。

2. 面对自然灾害的应急处理能力。

素质目标：

1. 培养学员灵活的思维和良好的心理素质。

2. 培养学员良好的沟通能力。

重点难点

重点：导游人员如何预防及处理各种旅游事故。

难点：带团过程中，导游人员如何做到"身敢担责，心系全程"。

引导案例

多个景区同时发生突发事件该如何处理？成都这场应急演练中有答案

受高空低槽和暖湿气流共同影响，成都都江堰、大邑等地区出现了强雷雨天气。7月4日，虹口景区因岷江河流域发生山洪和泥石流灾害，河水快速上涨，沿河多家休闲酒店、农家乐面临被洪水、泥石流冲击危险，近100名游客和居民被困。与此同时，大邑西岭雪山景区因山洪发生路基坍塌、被冲毁的情况。

灾情发生后，各景区按照《成都市旅游突发公共事件应急预案》的报告和响应程序，立即向景区所在地文化旅游部门报告……

以上的这一幕出现在8月4日成都举行的"2020年全市旅游安全应急演练桌面推演暨汛期安全工作会议"上。本次桌面推演依托成都市网络理政中心资源，以成都文旅大数据监测应急平台为支撑，以都江堰、邛崃、大邑智慧治理中心为推演现场，采取集中指挥、多点推演、专家评估的方式进行。

现场模拟了青城后山景区、虹口景区、天台山景区、西岭雪山景区发生的山洪、泥石流、塌方、火灾等突发事件场景，成都市相关负责人表示，此次演练检验了各区(市)县政府和相关职能部门应急处理突发事件的工作机制和水平、安全应急预案的可操作性、应急处置的实际操作能力，以演代训，有效提升了安全应急处理能力，突出了市县两级政府和相关部门的协同配合。

(资料来源于新浪网，2020 年 8 月 5 日)

根据以上资料，试分析导游人员遇到此类突发事件应如何处理？

子项目一　旅游突发事件的预防及处理

项目任务 A

布置任务：

1. 导游人员已到机场接到游客，但司机未到。小组随机抽取一名学员模拟导游人员，处理此问题。

2. 小组自评，各组互评。

3. 计调经理点评。

导游员接团时，有时会出现错接、漏接、空接等情况，导游人员要冷静、沉着地去处理。当然，有效预防可以从根本上减少此类事件的发生。

一、错接的原因、预防和处理

错接指导游员接了不该接的旅游团(者)。错接属于责任事故。

(一)错接的原因

错接的原因主要是导游员责任心不强，没有提前仔细核对游客的身份信息，接到游客后没有核对游客的行程信息。错接一般发生在旅游旺季或游客比较集中的地方，如机场、车站等。

(二)错接的预防

1. 旅行社计调应该有计划地安排导游员。旅游旺季,应备选多个导游员,预防导游员因疲惫带团而出现"有心无力"。

2. 导游员应提前抵达接团地点,核对团队信息。接到游客后,核对组团旅行社的名称、领队或全陪的姓名及游客的身份信息(游客的姓名、性别等)。

3. 接团后,应在行程开始前核对行程单。导游员应仔细查看手中的旅游行程单是否和游客手中的行程单一致,避免后续可能产生的问题。

4. 提高警惕,严防社会其他人员非法接走旅游团。

(三)错接的处理

一旦发生错接,游客对导游员和地接社的第一印象会大打折扣。所以端正的态度和正确的处理方式,对争取游客的谅解尤为重要。

1. 如果错接的是同一家旅行社的两个旅游团,两个导游员同为该社地陪,可以向旅行社汇报,领导同意后,告知司机,可将错就错,导游员交换接待计划即可。

2. 如果错接的团队来自两家旅行社,导游员要向游客实事求是地说明情况,诚恳道歉,并将游客调换过来。

3. 如果游客被其他人员(非法导游员)接走,导游员必须马上联系全陪或游客,明确地点,迅速过去接应。

4. 高质量完成讲解任务和服务工作,弥补因错接造成的不良影响。

小思考 11 - 1

错接案例

2019 年 7 月,某市迎来了旅游高峰月,导游员连续接团,经常中午送团后,马上又在集合地点迎接下一个团队。一天,导游员 A 刚送走一个团,在火车站正准备接另外一个团队,游客提前联系自己说全团都戴着黄色旅游帽。导游员 A 看见戴着黄色帽子的游客出站,便和游客打招呼,带领游客上了旅游大巴车。在沿途解说导游词的时候,导游员 A 手机频繁响起,一接电话，就听到了抱怨："都几点了，你怎么还不来接我们……"导游员A这才发现接错了游客。

思考：上述案例，导致导游员错接的原因有哪些？

二、漏接的原因、预防和处理

漏接指旅游团（者）抵达后，没有导游员迎接的现象。

（一）漏接的原因

1. 主观原因

（1）导游员因自身原因无法准时抵达接站地点。

（2）导游员阅读接待计划不仔细，将旅游团（者）抵达的日期、时间或者接站地点弄错。

（3）由于某种原因，旅游团因航班或车次变更而提前到达，计调已经在接待计划中注明，但导游员没有认真阅读，仍按原计划去接团。

（4）列车时刻表更新，导游员没有及时跟进，依然按旧的时刻表接站。

2. 客观原因

（1）因天气原因临时变更航班或车次。

（2）由于交通管制或者其他意外情况，导游员没有及时到达接站地点。

（二）漏接的预防

1. 认真阅读导游员接待计划。了解旅游团抵达的准确日期、时间和地点，并提前联系全陪，再次核实相关信息。

2. 核实交通工具到达的准确时间。导游员可以通过登录网站或者打电话查询。

3. 预留充足的时间抵达约定地点。考虑到随时可能发生的交通堵塞等情况，保证提前30分钟抵达接站地点。

（三）漏接的处理

1. 主观原因造成的漏接，导游员要向游客说明漏接的原因，真诚地道歉，在随后的服务中更加热情、耐心，用自己专业的知识和职业素养来削弱游客的抵触心理。

2. 客观原因造成的漏接，导游员要查明原因，向游客耐心细致地解释，取得游客的谅解。如果导游员没有办法让游客满意，可请旅行社领导出面道歉，或者给予一定的物质补偿。

小思考 11－2

漏接案例

导游员小赵和司机约定在市内某地点碰头，一起去机场接机。他们提前一个半小时从市里出发，按照经验，路上一个小时的时间足够，但在离机场还有几公里的地方遇到了交通事故，旅游车被堵在路上。等交通部门疏导完现场，他们赶到机场已经迟到了20分钟，游客都拿着行李在出口处焦急地等待着。小赵赶紧道歉解释，帮游客放置行李，请游客上车。上车后，小赵再次向游客解释迟到的原因并表示歉意。可是一些游客仍然情绪激动，有人还讲了难听的话，表示要将此事投诉到旅行社。

思考：上述案例，导致导游员漏接的原因有哪些？是否属于不可抗力因素？

三、空接的原因、预防和处理

空接指旅游团（游客）由于某种原因推迟到达指定地点，导游员仍按原计划去接站却没有接到游客的现象。

（一）空接的原因

1. 因不可抗力（天气、自然灾害等）导致游客仍滞留在旅途中。

2. 航班或者车次变更后，导游员没有按时接到相关通知，提前或迟于约定时间到达接站地点，产生空接。

3. 游客因自身的原因没能准时出发，却没有及时通知旅行社和导游员。

（二）空接的预防

1. 导游员接团时要与旅行社计调再次核实时间，了解游客上一站旅游活动的进行情况。如果团队中有全陪或者领队，导游员应提前与其联系，了解旅游团出发乘坐的具体航班或车次，并提醒全陪如有变化提前告知。

2. 在得知旅游团离开上一站的具体时间后，可通过网络实时了解游客所乘交通工具的抵离时间及状态。

（二）空接的处理

出现空接时，导游员要立即与旅行社取得联系，核实具体情况：如果延误时间不长，导游员可留在接站地点继续等候；如果延迟时间较长，或者因为某种原因取消本站的游览计划，导游员应该和旅行社联系，重新落实接团事宜。

子项目二 行程中常见事故的预防及处理

旅游团在行程进行中常见的事故主要有：游客走失、游览计划变更、游客证件或财物丢失、游客患病或死亡、交通事故和游客言行越轨等，以上事件一旦发生，导游人员要积极冷静地处理，尽自己最大的努力减少损失。

一、游客走失的预防及处理

在游览过程中，游客走失的情况时有发生，无论什么原因，游客走失都会影响游客的情绪，甚至会影响全团的行程，所以导游人员必须有责任心，尽量避免此类事件发生。

（一）游客走失的原因

1. 通讯不畅

现代通信工具十分发达，很多走失事件，导游人员通过电话或者微信就能很快解决。但偶尔因为景区信号不佳、游客手机没电等原因，也会造成游客走失事件的发生。

2. 导游人员缺乏责任心

有些游客由于身体状况不佳不想全程跟随游览，提出在某个地点等待，但是导游人员没有说清集合地点和时间，从而造成导游人员找游客，游客找导游人员的情况。

3. 游客自身原因

有些游客对自己感兴趣的景点想多停留一会，但又没有及时告之导游人员，如果游人比较多，就很容易发生游客走失事件。另外，在自由活动时，游客外出没有带酒店联系卡，又忘记了酒店的名字、位置等，也容易走失。

小思考 11－3

走失的老两口

四月初，某地某旅行社组织了 30 余人的老年团前往张家界、云南、贵州等地旅游，团队成员均在 60～75 岁之间。抵达张家界后，有老两口身体不舒服，表示不能前往。全陪小张安排两人在景区门口等候，然后和地接小李一起带领游客进景区内游览。游程结束后，全陪和地陪带领其他游客回到大巴车后，发现少了两位游客，突然想起两位老人还在景区门口，全陪小张赶忙跑回去寻找，发现两位老人已不在那里。小张和小李打电话数遍无人接听，于是找到景区的工作人员协助寻找，1 个小时后在景区的一个角落里，终于找到了等待的老两口。由于时间过晚，耽误了下一个景点的游览，游客对当天的游览和服务表示很不满意。

根据以上案例，谈谈导游人员有哪些失职之处？

（二）游客走失的预防

1. 做好提醒工作

导游人员每天早上都要向游客再次交代当天的行程，上午、下午游览的景点，晚上入住的酒店名称和地点。给游客留下自己的手机号码和微信。自由活动时提醒游客结伴而行，不要去治安混乱的地方，带好酒店联系卡等。

进入景区之前，在示意图前介绍一下游览的线路，游览的大概时间，集合的时间和地点，提醒游客记住旅游车停车的位置和车牌号。

进入景区之后，地陪走在前，全陪走在后，时刻留意游客动态。

2. 经常清点人数

每次集合或者上车之后，导游人员都要清点人数。

3. 吸引游客

导游人员应该用丰富的讲解内容、高超的讲解技巧吸引游客的注意力，让游客始终围绕在自己的身边。

（三）游客走失的处理

1. 行程中游客走失的处理

如果游客在游览过程中走失，导游人员在打电话联系不上的情况下，应向其他游客了解情况。如果有全陪和领队，可分头去寻找。如果没有领队，则全陪先去寻找，地陪带领其他游客继续游览。全陪可以争取景区有关部门的帮助，比如景区广播站、景区派出所等，找到游客后再和地陪约定集合地点。

如果采取以上措施仍找不到走失的游客，地陪应及时向地接社汇报并请求帮助，必要时经社领导同意向公安部门报案。

如果发生了严重的游客走失事件，导游人员应写书面报告。内容包括游客走失的原因、经过，寻找的过程，善后处理及其他游客的反应等。

2. 自由活动时游客走失的处理

游客自由活动时没有在规定的时间内返回,导游人员多方联系未果的情况下,地陪应立即报告旅行社,请求旅行社协助。必要时向公安机关报案,尽量详细提供走失者的特征和相关情况,请求帮助。

找回走失者后,导游人员应问清情况,安抚游客的情绪,视情况进行善意地提醒,并请全团引以为戒,避免此类事件再次发生。

游客走失后出现其他情况,如被盗、被抢、受伤等,应视具体情况进行处理。

小思考 11 - 4

在景区发现游客走失,地陪与领队立即分头寻找,由全陪继续带团游览。这种做法是否正确,为什么?

二、游览计划变更的原因和处理

团队游览计划或活动日程需要变更,导游人员应迅速做出判断,制定初步计划,迅速和旅行社沟通,听取旅行社的意见。然后,视情况向全体游客宣布变更计划,做好安抚工作,必要时请示领导给游客适当的物质补偿,或请旅行社领导亲自出面致歉。

(一)客观原因造成计划变更的处理

1. 原因

航班的延误或取消及不可抗力因素(天气的突然变化、地震、泥石流等)都会造成旅游计划的变更。

2. 处理方法

(1)缩短游览时间

旅游团如果延迟抵达或要提前离开某景区,都会缩短在本景区的活动时间。这时导游人员要将本地最有特色、最具代表性的景点走完,以满足游客的需要。同时,在旅行社的协助下,尽快落实该团队的用餐、交通、住宿等问题。

(2)延长游览时间

团队提前到达或者要延迟离开某地,导游人员在旅行社工作人员的配合下,要先落实好用餐、交通、住宿等相关事宜,及时通知司机,更改接送的时间。迅速调整团队的行程安排,适当延长在主要景点的游览时间,必要时和旅行社沟通后酌情增加旅游景点来丰富行程内容,晚上可以增加一些文娱活动,让行程更加充实。

(3)改变或取消部分旅游计划

原计划的部分行程需要变更或者取消,一般都是由客观原因造成的。导游人员要向旅行社汇报,向游客致歉。同时,以更加精彩的讲解、周到热情的服务激发游客的游兴。要将未发生的费用退还游客。

(二)游客原因造成计划变更的处理

1. 原因

游客的原因有两种:一种是游客因为个人原因提出改变行程。另一种是游客未按照规定时间返回,导致误机(车、船),后面的行程随之改变。

2. 处理方法

游客因为种种原因想改变旅游计划时,导游人员原则上都是劝说游客执行旅游合同。如果有特殊原因,导游人员要向旅行社请示,如果旅行社同意,方可变更计划,同时要与游客解释清楚相关费用的变化,双方达成一致后,签写书面协议。

小思考 11-5

游客要求自行安排行程

2019年11月3日,游客王某等一行8人到上海旅游,行程为3天。11月5日,团队一行8人来到了苏州。抵达当天,游客赵某在上海的亲属得知赵某等人在上海旅游,表示可以负责团队一行8人接下来的行程安排,不需要旅行社接待了,可以取消旅行社下面的行程安排。当晚,赵某打电话给导游员小李,说明情况后要取消后面的行程。

思考:导游员小李应该如何处理?他是否可以自行决定?已交的团费应当如何处理?

(三)旅行社原因造成计划变更的处理

1. 原因

旅行社的原因有两种:一种是旅行社因工作疏忽,对景区当天情况(如不开放)未查清楚导致旅游活动的调整;另一种是上一站行程未按原计划结束,导致计划变更的。

2. 处理方式

因旅行社的原因造成旅游计划变更的,导游人员首先要诚恳道歉,然后马上向旅行社汇报,重新做好旅游计划(标准最好能高于原计划)。

只要行程或者时间发生变化,导游人员应做到以下三点:第一,及时和旅行社沟通,在旅行社的指示下完成工作,不要擅自做决定;第二,如果有全陪或者领队,要多与之沟通,多听取他们的意见和建议;第三,一旦本地出发日期和时间确定,要及时通知下一站旅行社和导游人员做好准备工作。

三、游客途中患病或死亡的预防及处理

游客长途旅行时,由于行程比较紧,体力消耗比较大,再遇到气候变化或水土不服等情况,游客就可能会患病,严重的可能会危及生命。遇到此类情况,导游人员要做好相应的处理工作。

(一)游客患病的预防和处理

1. 游客患病的预防

导游人员在拿到出团计划时,要认真研究团队成员的构成,了解团队成员的性别和年龄,对高龄人群,应做到心中有数。

此外,导游人员要注意收听天气预报,提前一天告知游客第二天的天气

情况,提醒游客带雨具、增减衣服等。同时,叮嘱游客注意饮食卫生,不要购买街边小吃。

2. 游客患病的处理

(1)对轻症游客的处理

导游人员如果发现游客有轻微的感冒、晕车、呕吐、眩晕或者肠胃不舒服的现象,应让其在较舒服的座位上休息。不要擅自给游客用药。如果游客不是很严重,依旧跟团游览,导游人员应时刻关注游客的身体状况,并请全陪多给予关照。

(2)对重病游客的处理

遇到游客患重病,导游人员要沉着、冷静地去处理,及时通知游客家属,向旅行社汇报。

①如果游客是在大型交通工具(飞机、火车、轮船)上突然患重病,导游人员可以请求工作人员(机组人员、列车员和船员)协助,在乘客中寻找医生,马上联系120急救,由全陪及其亲友陪同,地陪带领其他游客继续前行。

②在参观游览过程中游客患重病,导游人员不要搬动患病游客,应向景点工作人员寻求帮助,等待120急救。

在抢救重病游客时,导游人员要注意以下事项:

a. 游客有保险的,导游人员应及时提醒其报险,在抢救过程中,需要有领队、全陪或者患者的亲友在场,详细记录游客患病前后的症状和治疗情况,及时向旅行社汇报。

b. 如果需要手术,要征得患者亲属的同意。如果亲属不在,则由领队或者全陪签字。

c. 离团住院期间没有享受的综合服务费由旅行社结算,退还本人。

d. 将处理的经过形成书面报告,报旅行社留档。

e. 如果患病游客提出要返回旅游起始地治疗,并放弃后面的旅游行程,游客本人或者游客直系亲属需签好离团申请。

小知识 11－1

旅游保健及救护的常用方法

①晕车

导游人员应将晕车游客调到前排或者视野比较开阔的座位使其闭目仰卧，头部紧靠在椅背上，避免大幅度晃动。

②水土不服

导游人员应当提示游客尽量禁食几个小时，或少量饮食，不吃油腻的食物，多休息、少走路，时刻关注游客的身体状况，如需要马上到医院就医。

③扭伤

游客扭伤后，有条件的可以用冷水或者冰块冰敷约 10～15 分钟。然后用手帕或者绷带绑好扭伤的地方，暂停活动，稍作休息。也可去药店买活血散瘀的中药或者膏药外敷。

④中暑

游客一旦中暑，导游人员应立即扶游客到阴凉的空地躺下休息，解开游客靠近颈部的衣扣，不要让人围观，给患者留出充足的空间，用毛巾蘸冷水敷在游客的额头上，擦拭其颈部，迅速降低患者体温，及时补充水分和盐分。如果游客晕倒，可用拇指按住患者的人中穴，情况严重时，应及时就医。

⑤毒蛇咬伤、毒虫蜇伤、野猴子抓伤

被毒蛇咬伤，首先不要惊慌，也不要乱跑，防止毒液扩散。应立即在伤口的上方用止血带或绳子等扎住，防止静脉血回流，每 20 分钟左右松开 1～2 分钟，防止肢体缺血坏死。然后挤压伤口，排出毒液，迅速到医院救治。

毒虫蜇伤具体要看是哪些毒虫，蝎子、蜈蚣和蜂的毒液都属于酸性毒液，冲洗伤口时应用碱性肥皂水反复冲洗。

如果被猴子抓伤，对抓伤部位要进行彻底消毒和清洗，先用肥皂水彻底冲洗伤口，再用2% ~3%碘酒或者75%酒精进行消毒。严重者应入院治疗。

⑥小腿抽筋

导游人员可以将患者小腿抬起呈垂直状态，使其膝关节伸直，用手持续向下按压患者的前脚掌。

（二）游客死亡的处理

旅游期间，如果游客因病或者意外死亡，导游人员应立即向旅行社报告，在社领导的指示下做好善后工作，同时安抚好其他游客的情绪。

如果死者有相关保险，导游人员要协助亲属迅速报险，准备材料办理保险索赔等相关事宜。

如果死者的亲属不在身边，要马上通知其直系亲属。如果其亲属是外籍人士，应由全陪或领队请外事部门尽快通知其亲属所属国的驻华使、领馆，协助办理此事。

导游人员要向死者的亲属详细报告抢救的经过，并出示“死亡医学证明书”，由主治医生签字（盖章），原件交给死者家属，复印件交给旅行社留存。

死者遗物由其亲属、领队、导游人员、旅行社工作人员共同在场清点，列出清单，旅行社与死者家属各执一份，双方签字后分别保存。遗物交给死者亲属或领队带回。

四、游客物品丢失的预防和处理

项目任务B

布置任务：

1. 团队中一游客说自己钻戒丢失。小组随机抽取两名学员：一人模拟导游人员，一人模拟失主，进行现场情景再现。

2. 小组自评，各组互评。

3. 计调经理点评，每小组模拟后完成此次实训报告。（见表11－1）

表 11－1　实训报告

财物丢失事件　实训报告		
实训日期		
事件标题		
组团人数		
组长		
组员		
人物角色		
事件经过		
结论	事件的预防及处理	
	小组想法及建议	
小组签字		
完成日期		

旅游期间，游客物品丢失事件时有发生，导游人员要采取有效措施，尽量减少游客物品丢失事件的发生。

（一）游客物品丢失的预防

1. 多做提醒工作

导游人员要提醒游客：下车前，带好自己的贵重物品，不要放在车上；离开饭店时，仔细检查，不要遗留任何物品；购物或去热闹、拥挤的场所，保管好自己的背包、手机等,随身小包放置胸前;外出时,关好房门,贵重物品随身携带或寄存在酒店;证件随身携带。另外,可以建议游客准备好身份证、护照、签证的复印件,以备不时之需。每次游客下车后,都要提醒司机清车、关好车窗、锁好车门,确保旅游车内安全。

2.做好行李的清点和交接工作

每次换乘交通工具、离开酒店或使用行李车运送行李,都要让游客确认行李件数及完好程度,全陪和地陪仔细清点、交接,不可马虎。

(二)游客物品丢失的处理

1.证件丢失的处理

(1)身份证丢失的处理方法

游客身份证丢失,首先,导游人员应带领游客持户口和地接社核实后开具的证明,到当地派出所办理挂失并开具身份证明。等游客回到常住地后,再去派出所办理新的身份证。其次,旅游中需要出示身份证时,暂时先用可以证明身份的证件代替。火车站、飞机场等需要用身份证时,可到窗口办理临时身份证。最后,需要特别注意的是,在旅游过程中,导游人员会经常收取游客的身份证用于入住酒店时的身份录入或者在景区购买门票。导游人员一定要谨慎保管好游客的身份证,用完及时归还,切勿丢失。

(2)护照和签证丢失的处理方法

①华侨护照和签证丢失的处理

失主需持地接社开具的遗失证明、失主本人照片,到当地出入境管理局(处)报失,并申请办理新的护照。然后再持新护照到其侨居国的驻华使、领馆办理入境签证手续。

②中国公民护照丢失的处理

中国公民出国旅游不小心弄丢护照,首先,请当地旅行社开具遗失证明,失主持证明和复印件到当地的公安机关报案,取得报案证明。其次,持报案证明和有关材料到我国驻该国的使、领馆领取中华人民共和国旅行证。

最后，回国后，凭旅行证和境外警方机构的报失证明，申请补办新的护照。

③外国人护照和签证丢失的处理

外国人在中国旅游，丢失外国护照。首先，失主本人持旅行社开具的遗失证明和失主照片，到当地公安机关出入境管理局（处）报失，由公安机关出具证明。然后，失主持公安机关出具的证明到所在国的驻华使、领馆申请补办新护照及签证。

④团体签证丢失的处理

团体签证是团队成员因相同的入境目的共同申请的签证。可能是多人共用一张签证，也可能是团队各人分别持有签证。持有团体签证时，如果成员发生变化，应重新申请签证。团体签证丢失，应持有旅行社出具的遗失公函、原团体签证的副本、全体游客的护照、重新打印的和原团体签证格式及内容相同的团员名单等材料，到公安机关出入境管理局（处）报失，并填写有关申请表。

⑤港、澳居民来往内地通行证丢失的处理

游客遗失港、澳来往内地通行证，要立即向遗失地公安机关报失，并取得报失证明，凭报失证明到当地公安机关出入境管理部门申领返港、澳的证件。在申领返港、澳的证件时需填写《入出境通行证申请表》，公安机关出入境管理部门核实身份后，将给遗失人签发一次性有效的《中华人民共和国入出境通行证》，供遗失人出境使用。当事人回港、澳地区后，要填写《港、澳居民来往内地通行证证件遗失登记表》和申请表，凭本人的港、澳居民身份证就可以申请补发通行证。

⑥台湾同胞旅行证明丢失的处理

台湾同胞旅行证明丢失，失主应向当地公安机关报失，经调查属实的，可以重新申请领取相应的旅行证件，或者发给一次有效的入出境通行证。

2. 贵重物品丢失的处理

游客贵重物品（一般指现金、银行卡、信用卡、金银首饰等）丢失，导游人员要稳定游客的情绪,详细了解丢失物品的信息,争取大家的帮助,共同寻找。需要时立即向当地公安机关报案,按照有关规定处理。并向旅行社汇报,事后写出书面报告。

游客在境外丢失物品,应持有效证件和接待社的遗失证明向当地公安机关报案,有保险的应立即向保险公司报案。如果丢失物品是入境时向海关申报的物件,需要提供《海关行李申报单》。

寻找物品过程中,领队和导游人员应积极配合有关部门的调查,协助破案,挽回不良影响。

3. 行李丢失的处理

一些游客由于粗心,将行李遗忘在车站、码头或者机场等地,导致行李丢失;也有一些游客没有仔细核对行李的特征,错拿了别人的行李。

导游人员首先要安抚好游客情绪,仔细分析原因,帮助查找,并向旅行社报告。如果确已丢失,导游人员要根据有关规定,协助游客向有关部门索赔。事后写出书面报告。

五、游客越轨言行的处理

越轨言行指游客的言行侵犯了一个主权国家的法律和世界公认的国际准则的行为。外国游客在中国境内必须遵守中国的法律法规。

一旦发现游客有越轨言行,导游人员必须立场坚定、旗帜鲜明,对其言行进行制止。同时在处理此类事情时要非常慎重,事先要做调查研究、认真核实,分清越轨言行和非越轨言行、无意越轨和有意越轨、越轨言论和越轨行为。只有正确区分以上事实,导游人员才能正确处理此类问题,维护国家的主权和尊严。

(一)对攻击性和诬蔑性言论的处理

由于国家制度的不同、政治观点的差异,团队中会有外国游客因不了解我国国情而做出越轨言行,此时,导游人员要积极宣传我国的方针政策,认真回答游客的问题,阐明我方的立场和观点,求同存异。同时,给予必要的提醒和警告,指出其言行的危害性和严重性。情节严重的要向有关部门报告,进行严肃处理。

(二)对违法行为的处理

导游人员要分清游客的违法行为是对我国法律缺乏了解,还是明知故犯。对前者,导游人员要讲清道理,指出错误,视情节严重程度进行处理;对那些明知故犯者,导游人员要提出警告,配合有关部门严肃处理。对窃取国家机密、走私贩毒、嫖娼卖淫、聚众赌博以及非法集会、示威游行等行为,导游人员应立即向有关部门报告,积极配合有关部门调查。

(三)对违规行为的处理

1. 一般违规行为的处理

在带团过程中,导游人员会向游客介绍行程中的注意事项和相关禁忌。例如:某些景点禁止拍照、一些寺庙禁止穿鞋进入等,如果导游人员多次提醒,游客依旧我行我素,明知故犯,一旦违反相关规定,当事人要独自承担后果。

2. 对异性越轨行为的处理

游客对异性有任何举止不端的表现时,导游人员都应立即阻止,并郑重指出其行为的严重性。如果游客对导游人员有不礼貌行为,导游人员同样要采取果断措施,视情节严重程度报送有关部门,依法处理。

3. 对酗酒闹事行为的处理

如果游客有酗酒闹事行为,导游人员应劝阻,并告知可能造成的严重后果。如果游客不听劝阻,发生扰乱社会治安、侵犯他人合法权利、造成经济损失等事件,导游人员应立即报警,严肃处理。

(四)对散发宗教宣传品行为的处理

游客在旅游期间散发宗教类宣传品,导游人员应马上劝阻,并立即向有关部门报告,进行处理。

子项目三 误机(车、船)事故的预防及处理

项目任务 C

布置任务:

1. 背景:某团队 30 人将乘坐 12:45 的火车前往下一旅游地。导游人员小张预计在 12:00 抵达火车站送站。大巴车行进的路上遇到了堵车,团队 12:30 才抵达火车站。到站后,导游人员发现火车站正在修地铁,大巴车只能停在距离火车站 600 米的地方,等大家下车取完行李进站时,已经停止检票。游客与导游人员发生了激烈的争吵。游客 A:"小张啊,你这是怎么当导游的,火车站这边修路你不知道吗?"游客 B:"你是不是新导游啊,竟然能发生这么大的事故,我们还怎么去旅游啊,你这耽误了多少事!"游客 C:"我要打电话去投诉!"大家你一言我一语,不停地埋怨小张。各组选一名学员来模拟小张处理此次事故。

2. 小组自评,各组互评。

3. 计调经理点评。

误机(车、船)事故指因故造成旅游团(者)没有按原定航班(车次、船次)离开本站,导致的暂时滞留。

一、误机(车、船)事故发生的原因

(一)主观原因

导游人员自身的原因:工作经验不足或者对待工作不认真;未仔细核对交通票据,将离站时间或地点弄错;不了解当地交通情况,没有给团队留足时间;行程安排不当,无法按规定时间赶到机场(车站、码头)等。

(二)客观原因

客观原因主要包括:游客突发重病或未按规定时间返回;途中遇到交通事故、旅游车出现故障、偶遇交通管制或严重堵车等;其他原因,如天气突

变、自然灾害等。

二、误机（车、船）事故的预防

误机（车、船）事故后果严重，减少此类事故的发生，重在预防。

1. 导游人员要认真核对交通票据，日期、时间、航班（车次、船次）、抵达地点等。

2. 如果票据没有落实，带团期间要随时与旅行社工作人员联系，第一时间了解出票信息。

3. 在旅游团离开本站当天，不要将团队行程安排过紧，不去地点偏远、地况复杂的景点，不安排购物和自由活动项目。

4. 送团前，要准确掌握途中的交通情况。

5. 给旅游团预留充足的时间，预防送团途中发生各种意外。（一般国内航班提前两个小时到达机场，国际航班提前三个小时到达机场，火车或轮船提前一个小时到达车站或码头。）

三、误机（车、船）事故的处理

首先，立即向旅行社报告事故发生的经过，并请求协助。地陪和旅行社应尽快与机场（车站、码头）联系，争取让游客乘坐最近班次的交通工具离开，尽量不耽误游客的下一站活动。其次，安抚游客情绪。及时与下一站旅行社联系，提前做好相应准备。最后，查清事故发生的原因和责任，责任人应受到相应的处罚。

子项目四　旅游安全事故的预防与处理

旅游安全事故是在旅游活动的过程中，涉及旅游者人身、财物安全的事故。旅游安全事故一般包括交通事故、治安事故、火灾事故、食物中毒、溺水事故等。

小知识 11－2

旅游安全事故等级划分

旅游安全事故从程度上可分为轻微、一般、重大和特大事故四个等级。

轻微事故是指一次事故造成旅游者轻伤，或经济损失在 1 万元以下的。

一般事故是指一次事故造成旅游者重伤，或经济损失在 1 万至 10 万元（含 1 万元）的。

重大事故是指一次事故造成旅游者重伤致残或死亡，或经济损失在 10 万至 100 万元（含 10 万元）的。

特大事故是指一次事故造成旅游者死伤多名，或者经济损失在 100 万元以上的，或者性质特别严重，产生重大影响的。

一、交通事故的预防与处理

交通事故是无法预料的，导游人员要尽自己最大努力使损失降到最低，并积极配合做好善后工作。不同交通事故的处理方法也不同。在此仅讲解一下旅游车事故的预防和处理。

（一）交通事故的预防

1. 团队活动安排要合理，不能过于紧凑，不要让司机“开快车抢时间”。

2. 行车过程中提醒游客系好安全带，不要在车厢内走动。

3. 行车时，不要和司机聊天，使司机的注意力集中。提醒司机不要饮酒，不能疲劳驾驶。

4. 提醒司机经常检查车辆，适时进行保养，保证车况良好。

（二）交通事故的处理

1. 立即组织抢救。导游人员在自身清醒、没有受重伤的情况下，应积极组织抢救，特别是抢救重伤员。可以先采取一些基本的救治措施，然后拨打 120，将重伤员第一时间送到就近医院抢救。

2. 保护事故现场，立刻报案。

3. 立刻向旅行社报告。事故发生后应立即向旅行社汇报事故发生的经过和伤亡情况,听取社领导下一步工作指示。要求相关负责人赶赴现场,组织抢救。

4. 安抚游客。游客遇到交通事故会非常紧张,导游人员要尽量稳定游客的情绪,在旅行社工作人员的配合下,做好善后工作。事故原因查清后,应向全体游客说明情况。

5. 写事故报告。报告中应详细写明事故发生的原因、伤亡情况、抢救的经过、对责任者的处理、游客的情绪及对处理的态度等。

小思考 11-6

爱岗敬业　无私奉献

——全国模范导游员文花枝先进事迹报告摘要

我叫文花枝,现在是湘潭大学的一名学生。之前,我是湖南省湘潭新天地旅行社的一名导游员。

我是个普通的农村女孩儿,17 岁就走入社会,独立谋生。我当过酒店的客房服务员,后来又当了导游员。在带团的过程中,经常有人夸奖我,说我很阳光,大家都喜欢我的微笑。

其实,我的性格是比较内向的,不太会说话也不太愿意说话,因为热爱这份职业,便要按职业要求培养自己。做一名导游员,要有广博的知识、良好的文化修养,要提供热情周到的服务。我用心做着我应该做的一切,久而久之,性格也慢慢变得开朗起来。只要我的服务、我的付出能够得到游客的认同,能给游客带来快乐,那我就是开心的、快乐的。我认为,快乐是改变现实、创造生活的动力,让别人快乐从而使自己快乐,是作为职业导游员的幸福。

我只是做了自己应该做的事,我还有一条腿!党和政府给了我太多的荣誉,全社会给了我太多的关爱。党和国家领导人及部里、省里、市里的领导接见慰问我，从生活、学习、工作等方方面面关心我、爱护我。每一句话都滋润着我，每一件事都感动着我。我还获得了好多以前想都不敢想的荣誉，并且光荣地加入了中国共产党。我只是一名普通的导游员，我得到的比我付出的要多得多。我当然也清醒地看到，我是微不足道的，荣誉不只属于我个人，它属于我们所有旅游从业者。党和国家领导人不只是对我个人的关心，也是对所有旅游从业者的关心；全社会对花枝的赞誉，也是对旅游业整体形象的赞誉。

最近，国家旅游局为我安装了最好的假肢，我终于重新站了起来，我还被选送到我向往已久的湘潭大学学习，圆了我的大学梦。对这一切，我内心万分感激，我会万般珍惜！

灾难、关注、荣誉——我的人生在一年多的时间内起伏跌宕。在以后的日子里，希望大家再提到文花枝时，想到的不是车祸，而是其他更美好的事情。

（文章节选自《中国青年报》，2006 年 10 月 28 日）

思考：了解了文花枝的事迹后，谈谈你在她身上学到了什么？

二、治安事故的预防与处理

在旅游过程中，发生对旅游者生命及财产构成威胁或不同程度损害的事故，统称治安事故。

在旅游过程中如果遇到治安事故，导游人员必须挺身而出保护游客，决不能置身事外，更不得临阵脱逃。

（一）治安事故的预防

1. 导游人员要叮嘱游客不要将自己的房间号码告诉陌生人，不能随便让陌生人进入房间。睡觉之前，锁好门窗，有人敲门不要贸然开门。

2. 离开旅游车时，导游人员要提醒司机锁好车门，关好车窗，游客不要将贵重物品放在车上。

3. 在旅游景点活动时，导游人员应注意观察周围环境，提醒游客看管好财物，经常清点人数。

4. 不带游客去治安混乱的场所，如迪厅、酒吧等。

5. 旅游大巴行驶过程中，不要让非团队人员上车，如遇不明身份人拦车，导游人员要提醒司机不要停车。

（二）治安事故的处理

1. 保护好游客的生命、财产安全。当遇到歹徒行凶、抢劫的时候，导游人员必须挺身而出，保护游客的生命安全。要想办法将游客转移到安全地点，力争在游客和现场群众的配合下将罪犯缉拿归案，追回钱物。如果有游客受伤，要立刻组织抢救，尽快将其送到就近医院。

2. 立刻报警。导游人员要将事件发生的时间、地点、经过、作案人的特征，以及受害人姓名、人数、伤势及物品损失情况等告知公安人员。

3. 向旅行社汇报。导游人员要与旅行社主要负责人联系，汇报事故发生的经过，听取旅行社领导的下一步指示。情况严重时，请求领导前来指挥处理。

4. 安抚游客情绪。事故发生以后，导游人员要积极采取措施，安抚游客的情绪，尽量使旅游活动进行下去。在旅行社领导的指示下，准备好证明材料，处理好受害者的保险、索赔和相关补偿事宜，做好善后工作。

5. 事后写书面报告。按照要求，将事故发生的经过、案件的性质、采取的措施、破案情况以及受害人和其他游客的情绪和反应等记录其中。

三、火灾事故的预防与处理

旅游过程中，如果不幸发生火灾，导游人员要在关键时刻为游客的生命和财产安全保驾护航。

（一）火灾事故的预防

1. 提醒游客不要携带易燃、易爆物品，不乱扔烟头；入住酒店后，不要在床上吸烟（许多国外酒店不允许在房间内吸烟），不使用大功率电器。

2. 向游客介绍酒店的安全通道，提醒游客进入房间后看好房门后面贴的安全转移线路图，一旦发生火灾知道应选哪条路线逃生。

3. 分房时将游客和领队的房间号登记清楚，一旦发生火灾，迅速通知所有游客逃生。

4. 旅游车上要配备消防器材。

小思考 11－7

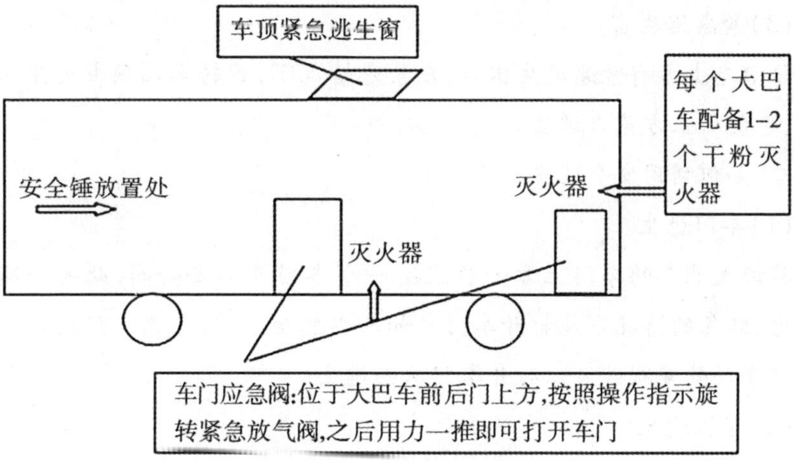

图 11－1　大巴车安全逃生装置示意图

旅游大巴车逃生指南

一、了解大巴车安全逃生装置(见图 11－1)

1. 自动灭火装置

许多大巴车在发动机舱、前门的电器集成处有自动灭火装置。自动灭火装置可以在温度超过 170℃ 情况下，通过高压喷淋的方式进行灭火。

2. 手动灭火装置

大多数大巴车在驾驶室旁和后门前方放有干粉灭火器，经过培训的驾驶员一般都会使用。

3. 逃生装置

一般旅游车都有两大逃生装置：安全锤和逃生应急开关。

(1)安全锤

安全锤安放在前车厢及中门后的车窗上方,乘客可使用“安全锤”击碎车窗玻璃逃生,车窗上侧为最佳敲击位置。

(2)逃生应急开关

逃生应急开关一般安装在车厢前车窗上方。在紧急情况下,可手动扳动风道上红色的应急开关,车门就会快速打开。

(3)紧急逃生窗

旅游车上方有紧急逃生出口,在紧急情况下,旋转车厢顶部逃生窗上的开关,也能从上方窗口逃生。

二、如何利用安全装置逃生

(1)车门逃生

旅游大巴车的车门上方一般配有一个车门开启安全阀,此安全阀在车辆断电、断气的情况下能打开车门。如车内发生火灾,距离车门比较近的客人打开手动处置阀就可以打开车门从而逃生。

(2)车窗逃生

现在大巴车一般都是封闭的,一旦发生火灾,游客应该通过打碎车窗的办法逃出。现在大巴车的窗户一般为钢化玻璃,钢化玻璃最脆弱的就是边和角,安全锤安装位置都有醒目的标识。如果没找到安全锤,也不要惊慌,应尽快找到一些尖状硬物击碎玻璃。

(3)天窗逃生

一般大巴车所配备的天窗是具有安全出口功能的,旋转上面的扳手可以将天窗打开,在关键时刻,可为游客多提供一种逃生方式。

三、车外营救法和车内灭火法

如果车内发生火情,车内人员无法从内部逃出,车外的人员可以帮助打开大巴车门,现在大部分大巴车都安装了车外开门安全阀,车外人员只要旋转该安全阀,就可以从外部打开车门,营救车内的游客。

此外,可用车内的灭火器进行灭火。

思考,旅游大巴车意外起火应该如何逃生?

(二)火灾事故的处理

1. 保持镇定,第一时间拨打火警电话119,迅速通知全体游客、领队和全陪,判断火情,配合工作人员,通过安全出口疏散游客,引导自救。

2. 劝阻已经逃出的游客不要返回寻找贵重物品。

3. 脱离险境后,将受伤游客送往就近医院。安抚游客情绪,报告旅行社,请求支援。

4. 事后写出书面报告,将事故的起因、处理的经过、游客的受伤和财物损失情况以及游客的情绪等详细记录在内。

四、食物中毒的预防和处理

食物中毒多发生在夏秋季节,一般有以下特征:第一,发病呈暴发性。潜伏期短、发病快,短时间内可能数人发病;第二,具有相似的临床症状,多表现为恶心、呕吐、腹痛、腹泻,严重可出现脱水、酸中毒、休克或昏迷等症状;第三,不具有传染性。

(一)食物中毒的预防

1. 带领游客去正规的餐厅就餐。

2. 提醒游客不要在路边小摊购买食物。

3. 提醒游客根据自己的胃肠情况用餐,重点注意:海鲜、烧烤或者生食料理类食物,可提前备好相应药品。

4. 如导游人员或游客在用餐时发现食物或饮料不卫生、变质、有异味,应立即要求更换,并要求餐厅负责人出面道歉,必要时向旅行社领导汇报,及时更换餐厅。

(二)食物中毒的处理

游客发生食物中毒,导游人员要妥善处理,如果处理不当,不但会给游客身心带来伤害,而且会对旅行社产生不良影响。

1. 发现游客食物中毒,马上设法催吐,多饮用温开水加速排泄,缓解毒性。情况严重者应立刻送往就近医院治疗。

2. 保留食物样本,送相关部门进行检测,并立刻报告旅行社,听从下一步指示。

3. 做好游客的安抚工作,照顾好患病游客。

4. 事后写书面报告。详细记录游客食物中毒的时间、地点、原因、救治情况及赔偿事宜等。

五、溺水事故的预防和处理

溺水是一种非常危险的情况,能导致游客窒息、严重缺氧、呼吸困难,甚至心跳停止,导游人员要组织其他游客一起做好施救工作。

(一)溺水事故的预防

1. 导游人员要多做提醒工作,强化安全意识。叮嘱游客不要独自到湖边、河边、海边玩耍,不要到非游泳区和深水区游泳,严禁酒后游泳。

2. 游泳前做适当的准备活动,避免肌肉痉挛,最好结伴下水活动。

(二)溺水事故的处理

1. 水中营救

导游人员如果会游泳,可以和团队中会游泳的游客一起营救溺水者。救护者应保持冷静,迅速游到溺水者附近:对神志不清的溺水者,救护者可从头部接近;对神志清醒的溺水者,救护者应从背后接近,如果救护者游泳技术不够娴熟,最好携带救生圈、木板或用小船进行救护,如果有绳索、竹竿等,应让溺水者握住再拉上岸。

2. 岸上急救

靠岸后,立刻清理溺水者口鼻中的淤泥、杂草、呕吐物等,让其保持呼吸通畅,立即拨打120或附近医院急救电话请求医疗急救。同时,将溺水者放在救护者的大腿上,头部向下,随即按压背部,迫使吸入呼吸道和胃里的水流出。必要时,进行人工呼吸及心肺复苏抢救。

3. 善后处理

事后向旅行社汇报,协助旅行社和相关部门做好取证及事后处理工作。对其他游客进行安抚,写出书面报告。

子项目五　自然灾害的应对措施

自然灾害指给人类生存带来危害或损害人类生活环境的自然现象,包括洪水、地震、海啸、泥石流、台风、山体滑坡等。

一、洪水

旅游途中,如果目的地突发洪水,需要临时更改目的地或在安全地短暂停留,导游人员要做好行程安排,并向游客讲明情况,做好安抚工作。同时,向旅行社汇报,听取领导安排。

(一)做好预防准备工作

1. 导游人员出发前应关注天气预报,了解目的地情况。如果目的地有发生洪水灾害的可能,导游人员应建议旅行社调整旅游计划,并征得游客的同意。

2. 导游人员要掌握一些洪水来临时的应对措施,避免到时惊慌失措。学会扎制木排、竹排等适合漂浮的工具,以备逃生时急用。

小知识 11-3

暴雨预警级别

1. 蓝色预警 12 小时降雨量将达 50 毫米以上,或已达 50 毫米以上且降雨可能持续。

2. 黄色预警 6 小时降雨量将达 50 毫米以上,或已达 50 毫米以上且降雨可能持续。

3. 橙色预警 3 小时降雨量将达 50 毫米以上,或已达 50 毫米以上且降雨可能持续。

4. 红色预警3小时降雨量将达100毫米以上，或已达100毫米以上且降雨可能持续。

蓝色预警为最低等级，黄色预警为第二等级，橙色预警为第三等级，红色预警为最高等级。

（二）应对洪水灾害的措施

1. 洪水到来时，导游人员应马上带领游客前往安全地带。远离高压线、高墙、危墙和水域较多、地势低洼的地带。

2. 导游人员要将游客迅速向山坡、高地、楼房、避洪台等地转移，或者立即爬向地势高的地方暂避，利用通信器材不断向外界发出求救信号，报告自己的方位和险情，等待救援。

3. 安抚游客情绪，如果险情在可控范围内，不要让游客单独行动，集体等待救援。

4. 与旅行社保持有效沟通，汇报情况，听从指挥，事后写出书面报告。

二、地震

导游人员需要了解地震灾害的一般特点和应对措施，以备不时之需。

（一）地震灾害的特点

1. 突发性。地震的突发性使人们没有办法做到提前预防，而且难以采取有效措施进行应对。

2. 瞬时性。地震发生的时间很短，最短十几秒，最长两三分钟，使人猝不及防、措手不及。

3. 伤亡大。地震可以使大量房屋倒塌，造成大量人员伤亡，尤其发生在夜间的地震伤亡更大。

小知识11-4

地震等级

小于1级的地震称为超微震；

大于1级小于3级的称为弱震或者微震；

大于3级小于4.5级的称为有感地震，一般对个人生活不会造成破坏；

大于4.5级小于6级的称为中强震，属于可以造成破坏的地震灾害；

大于6级小于7级的称为强震；

大于7级小于8级的称为大地震；

8级及8级以上的称为巨大地震。

（二）地震灾害的处理方法

遭遇地震，一定要沉着冷静，果断决定，减少震后的二次伤害。

1. 室内自救

地震发生后，导游人员首先要保持冷静，进行自救。尽量躲在狭小的空间内，如卫生间、厨房、内墙角；不要随便点明火，因为空气中可能有易燃易爆气体充溢；地震时如果房屋倒塌，应待在床下或桌下不要移动，等待救援，地震停止再逃往室外。

2. 室外自救

在车站、剧院、商店、地铁站等场所时发生地震，导游人员要保持镇静，并提醒游客就地择物躲藏，听从指挥，不要拥挤，有序撤离。

如果乘坐大巴车游览时发生地震，导游人员应让司机立即停车，带领游客寻找空旷场地避险，安抚游客。与旅行社保持有效沟通，汇报情况，听从指挥。事后写出书面报告。

三、海啸

海啸就是由海底地震、火山爆发、海底滑坡或气象变化产生的破坏性海浪。海啸发生后，导游人员要做好落水者的救助工作，减少伤亡。

首先，发现有落水者，应尽量用被子、毯子、大衣等将其裹住，进行保温。可给落水者适当喝一些糖水，补充体内的水分和能量。

其次，如果落水者受伤，应采取止血、包扎、固定等急救措施，重伤员要及时送往医院救治。同时，清除落水者鼻腔、口腔和腹内的吸入物。

最后,与旅行社沟通,汇报情况,事后写出书面报告。

四、泥石流

泥石流爆发时常常来势凶猛,具有巨大的破坏力。导游人员遇事要冷静,及时把游客带往安全地带(要往与泥石流成垂直方向的山坡上爬,不能向泥石流的流动方向走)。到了安全地带,尽快与有关部门联系,报告所在方位和险情,将游客集中在一起等待救援。同时,向旅行社汇报情况,听从指挥,事后写出书面报告。

五、台风

项目任务 D

布置任务:

1. 背景:2019 年 × 月 × 日,游客黄某一家在某市某旅行社报团前往海口旅游。行程共计 5 天,前 2 天行程顺利,第 3 天台风猛烈,特大暴雨来临,无法正常出游,只能待在酒店,第 4 天、第 5 天也无法正常完成行程。游客投诉,要求退还后 3 天的团费。导游人员认为这是天气原因造成的,属于不可抗力因素,无法退款。游客与导游人员发生了激烈的争吵。各组选一名学员来模拟导游人员处理此事。

2. 小组自评,各组互评。

3. 计调经理点评。

台风是一种破坏力很强的灾害性天气,台风来临时,导游人员应做好应对措施。

首先,气象台会提前公布台风经过的相关路线,导游人员要及时收听、收看或上网查阅台风预警信息,了解政府防台的行动对策。其次,如果在酒店,需告诉游客关紧门窗,远离窗户,避开重物,不要外出。如果在野外,要平躺在沟渠或低洼处,及时将游客转移。如果在旅游车上,应让司机停车,组织游客尽快撤离。最后,与旅行社保持沟通,汇报情况,听从指示,事后写书面报告。

六、山体滑坡

山体滑坡不仅会造成一定范围内的人员伤亡、财产损失，还会对附近道路交通造成严重威胁。旅游途中如果遇到山体滑坡，导游人员要保持冷静，组织游客向较为安全的地段撤离。

在一定条件下，如果滑坡是整体滑动时，可原地不动，或抱住大树等固定物体；也可躲避在结实的障碍物下，或蹲在地沟里。注意保护好头部，可用身边的衣物裹住头部。

有人员伤亡时，应及时拨打120，寻求援助。同时，及时向旅行社汇报情况，听从指示，事后写书面报告。

课后实训

旅游案例及旅游者消费提示

中秋、国庆节假期，为保障广大游客节日旅游开心、放心、安心，度过一个欢乐祥和的假期，黑龙江省旅游质量监督管理局发布旅游典型案例及消费提示，提醒广大游客理性消费、注意安全、文明旅游、依法维权。

【案例一】王女士通过某旅行社报名参加了某地旅游团，起程前得知此地将有台风经过，预取消行程，与旅行社就退还团费事宜产生纠纷。

【解析】按照《中华人民共和国旅游法》（以下简称《旅游法》）第六十七条规定，因不可抗力或者旅行社、履行辅助人已尽合理注意义务仍不能避免的事件，旅游者解除合同的，组团社应当在扣除已向地接社或者履行辅助人支付且不可退还的费用后，将余款退还旅游者。同时，组团社应向旅游者提供已发生费用的凭证。

【提示】出游前，要关注交通、卫生、气象等部门发布的预警提示，了解旅游目的地的社会治安、风俗禁忌、天气状况以及景区游客最大承载量等信息，避免前往风险高的地区旅游。跟团游客需听从导游人员或领队的安全提醒。出境旅游遇到突发事件，要保持冷静，及时和当地警方及中国使领馆联系。

【案例二】王女士通过微信看到张某发布的华东五市旅游宣传广告，因团费价格低，于是与张某确定了该行程并以微信转账方式进行了支付。行程中发生旅游服务质量问题后，王女士找到张某反映问题，结果张某以各种理由进行推脱。

【解析】按照《旅游投诉处理办法》相关规定，旅游投诉应当有明确的被投诉人，投诉人与投诉事项有直接利害关系。本案中，因王女士未签订旅游合同，没有明确被投诉人，维权存在一定困难。

【提示】游客要结合实际情况选择跟团游或者自助游。跟团旅游要选择有资质、口碑佳的旅行社，切莫选择无旅行社业务经营资质的单位和个人，对微信圈、户外俱乐部等组团旅游形式要提高警惕，慎重选择。对旅游产品的品质、服务和价格进行综合考量，不要贪图便宜贸然参加低价旅游团。签订合同时，要仔细阅读合同内容约定，特别是有关购物和另付费项目条款。缴纳团费应汇入签约旅行社的账户，如遇熟人要求游客将团款汇入其个人账户（微信、支付宝等）一定要慎重，谨防权益受损。付款后，索要发票或收据，保留消费凭证，以便日后维权。

【案例三】孙女士通过某旅行社报名参加了某国旅游团，并向旅行社交纳了出境保证金。行程结束后，旅行社迟迟不按约定返还孙女士的出境保证金。

【提示】游客交纳出境游保证金时，请勿以现金或者转账方式交与旅行社，更不要直接存入旅行社工作人员提供的个人账号，应该通过银行（第三方）托管的方式，交纳出境游保证金，并留存相关票据。谨慎选择所谓“旅游套餐产品”，避免一次性支付两条及两条以上旅游线路的旅游费用。

【案例四】8月初，那先生通过某旅行社参加某国旅游团，因地接社降低住宿标准，擅自脱离旅游团队自行订房。

【解析】按照《旅游法》第十六条规定，出境旅游者不得在境外非法滞留，随团出境的旅游者不得擅自分团、脱团。旅游者在旅游活动中或者在解决纠纷时,不得损害当地居民的合法权益,不得干扰他人的旅游活动,不得损害旅游经营者和旅游从业人员的合法权益。

【提示】在旅游过程中出现服务质量问题,应及时与组团社联系,并积极配合旅行社妥善处理,避免过激行为而影响其他旅游者的正常行程。游客切勿采取擅自脱团、滞留异地等不理性的行为,避免造成不良后果。

(本案例节选自人民网,2018 年 09 月 20 日)

根据以上材料,谈谈在理性消费、注意安全、文明旅游、依法维权等方面你的心得。

参考书目

[1] 原群. 导游技巧与导游词策划[M]. 北京:旅游教育出版社,2014.

[2] 张志强,徐堃耿. 导游带团实战密码[M]. 北京:化学工业出版社,2016.

[3] 李娌. 案例解读《旅游法》[M]. 北京:旅游教育出版社,2014.

[4] 谢彦君. 基础旅游学 第2版[M]. 北京:中国旅游出版社,2004.

[5] 赵亚琼. 导游业务与典型案例[M]. 北京:经济管理出版社,2019.

[6] 龙梅. 导游业务[M]. 北京:中国人民大学出版社,2019.

[7] 范秋梅. 全国导游资格考试教材 导游业务[M]. 北京:旅游教育出版社,2019.

[8] 李盼,梁焰,邹建琴,何成亿. 导游业务[M]. 成都:西南交通大学出版社,2018.

[9] 殷开明. 导游实务[M]. 镇江:江苏大学出版社,2018.

[10] 刘伟. 旅游概论 第4版[M]. 北京:高等教育出版社,2019.

[11] 张志强,徐堃耿. 去带团吧 导游带团必读的90个经典案例[M]. 北京:中国旅游出版社,2018.

[12] 蒋炳辉. 导游带团艺术续篇[M]. 北京:中国旅游出版社,2004.

[13] 周晓梅. 导游带团技能一本通[M]. 北京:旅游教育出版社,2007.

[14] 李海玲. 导游带团技能速成 经典案例训练[M]. 北京:中国旅游出版社,2013.

[15] 周晓雷. 导游带团典型案例集析[M]. 上海:复旦大学出版社,2016.
[16] 方海川. 导游词创作集锦[M]. 成都:西南财经大学出版社,2017.